知人、知面、知心

——人际交往与组织沟通

（第二版）

黄步琪　黄宇隽　著

浙江大学出版社
ZHEJIANG UNIVERSITY PRESS

图书在版编目(CIP)数据

知人、知面、知心——人际交往与组织沟通 / 黄步琪，
黄宇隽著. —2版. —杭州:浙江大学出版社,2012.8
(2019.10重印)
ISBN 978-7-308-06397-5

Ⅰ.知… Ⅱ.①黄… ②黄… Ⅲ.①人间交往－基本知识
②组织管理学－基本知识 Ⅳ.C912.1　C936

中国版本图书馆 CIP 数据核字(2008)第 177635 号

知人、知面、知心——人际交往与组织沟通(第二版)

黄步琪　黄宇隽　著

责任编辑	杜希武　杜玲玲
封面设计	姚燕鸣
出版发行	浙江大学出版社
	(杭州市天目山路 148 号　邮政编码 310007)
	(网址:http://www.zjupress.com)
排　版	杭州中大图文设计有限公司
印　刷	杭州杭新印务有限公司
开　本	710mm×1000mm　1/16
印　张	13.5
字　数	218 千
版印次	2012 年 8 月第 2 版　2019 年 10 月第 20 次印刷
书　号	ISBN 978-7-308-06397-5
定　价	40.00 元

目　录

上篇　知人知面知心

第一章　挫折理论 …………………………………………………（3）

　第一节　挫折理论简介 ……………………………………（3）

　第二节　挫折理论的运用与发展 …………………………（6）

　第三节　如何对受挫者作心理援助 ………………………（33）

第二章　人才理论 ……………………………………………（42）

　第一节　人才与能力 ………………………………………（42）

　第二节　职业个性及其匹配度 ……………………………（45）

　第三节　六大类典型人才 …………………………………（52）

中篇　同心同德共创辉煌

第三章　"三心两意"上升为"同心同德" ………………………（69）

　第一节　管理者的两大特征 ………………………………（69）

　第二节　何谓"三心两意" …………………………………（75）

　第三节　"同心同德"是法人的生命力 ……………………（82）

　第四节　态度决定一切 ……………………………………（86）

　第五节　态度的测量 ………………………………………（93）

第四章　理解再理解 …………………………………………（97）

　第一节　主导动机与理解 …………………………………（97）

　第二节　误解的类型及其消除 ……………………………（102）

　　第三节　非期望行为…………………………………………（107）

　　第四节　如何转变非期望行为………………………………（114）

第五章　PAC人际交往心态理论………………………………（120）

　　第一节　PAC人际交往心态理论简介………………………（120）

　　第二节　PAC理论的运用与发展……………………………（124）

下篇　人际认知奥妙无穷

第六章　人际认知模式…………………………………………（143）

　　第一节　人际认知中的感觉…………………………………（143）

　　第二节　人际认知中的知觉…………………………………（149）

　　第三节　人际认知中的意象…………………………………（152）

　　第四节　人际认知的常用方法………………………………（158）

第七章　人际认知三大效应……………………………………（166）

　　第一节　首因效应……………………………………………（166）

　　第二节　近因效应……………………………………………（172）

　　第三节　皮格马利翁效应……………………………………（180）

　　第四节　人际认知偏差………………………………………（185）

第八章　认知冲突………………………………………………（189）

　　第一节　如何把握认知冲突…………………………………（189）

　　第二节　如何唤醒积极的群体心理…………………………（200）

　　第三节　如何提高群体士气…………………………………（204）

　　第四节　如何增强群体凝聚力………………………………（208）

上篇　知人知面知心

　　知人知面知心,这是人们在日常交际时希望达到的一种理想状态,但千百年来流传的却是:知人知面难知心。

　　这两句听起来很矛盾的话,却可能于不同时段在每一个人身上都会有所体现。比如,你熟悉的张三,如果碰到有段时间他一切顺利,心情非常好,那么他的优点一二三,明明白白地摆在你的眼前,他的不足之处一二三也会毫无掩饰地暴露在你的面前。在这种情况下,作为他的领导或熟人来说,只要做到"扬长避短"四个字,就能实现"知人知面知心"。

　　而如果张三有段时间在生活或工作中因故受到了挫折,他人性的优点或本真性就会大大地削弱,相反,他人性的弱点或阴暗面就会较多地显现出来,结果是可能连他本人都不知道自己到底是怎么了。这时摆在与其交往者面前的一个难题就是:知人知面难知心。

　　本篇将从挫折理论与人才理论两个角度探讨"知人知面知心"这个话题。

第一章　挫折理论

古人云：人生不如意事常八九。显然，挫折是不可避免的。

挫折可以让有的人走向成功，此所谓"失败是成功之母"；挫折也会令有些人走向地狱，正所谓"一失足成千古恨"。

如果我们了解了挫折所产生的心理机制，就较有可能帮助自己或他人更多地走向成功，避免陷入失败或痛苦的深渊，从而让我们的人际关系更加和谐。

第一节　挫折理论简介

一、何谓挫折

一个人认为最重要的、最急于完成的动机，被称为主导动机。主导动机一旦确定，个体就会千方百计将它体现为行为。如果主导动机由于主客观因素无法转化为行为，当事人就会产生"悲痛欲绝"的心态，这种状态称之为挫折。一个人一旦受挫折，就会表现出不良的心理状态，如焦虑、愤怒、沮丧、不安等。

产生挫折的原因可分为两大类：客观因素与主观因素。

客观因素有自然因素和社会因素。自然因素是指个人能力无法克服的自然原因的限制。社会因素是指政治、经济、道德、宗教、风俗习惯等人为因素的限制。

主观因素有生理因素和心理因素。生理因素是指个体的智力、能力、容貌、身材等生理特点。心理因素是指认知因素、情绪因素、人格因素。人格因素又包括依赖性、自卑感、自我评价过高、理想主义等。

美国心理学家奎尔斯和马奎斯等人曾做过婴儿喂奶的实验。当幼儿饥饿时，分三组喂牛奶：第一组基本喂饱，第二组喂半饱，第三组只喂几口，从而使这些幼儿的需要不同程度地得不到满足，研究者观察这些幼儿的情绪反应。观察表明，幼儿们都表现出哭叫、生气等情绪状态。饥饿程度越大，挫折心理越强烈。

美国心理学家西尔斯等人曾以大学生为实验对象研究过挫折现象。学生们被事先告知，某日夜间不要睡觉，将提供一些食物、饮料及娱乐活动，但是到了那天晚上学生们却被告知：严格禁止交谈，不许睡觉，更不会提供任何食物和饮料。结果，学生们的受挫感顿时唤醒。结果表明，受试者的攻击对象基本上对准实验者，即表现为直接攻击形式。同时，也有些受试者采取转向攻击形式，即迁怒于人，把不相干的事物或人当作"出气筒"。有的受试者却出现责备自己的言行，这就相当于把自己当作攻击对象。受挫折者的攻击心理具有较大的危害性。一般情况下，攻击力的强弱与受挫力、受挫范围成正比，而与受挫频率成反比。

心理学家贝特海姆在1943年观察了"二战"期间被关进纳粹集中营的俘虏，他们最初表现为愤怒、反抗，但当他们感觉到这样做无济于事时，就出现冷漠行为，对痛苦、饥寒、疾病、死亡都表现出无所谓的态度，就像人们常说的"心如死灰"。这表明个体心中不抱任何希望，将原先的不满足心理都压抑到潜意识之中，而处于"心死"的心理状态。

美国心理学家奥尔德弗认为，一个人在自尊、社会交往、成长等需要得不到满足，受到挫折后，生理的需要就成为心理中的重要需要，而忽视精神上的需要。这种现象称为退化行为。

二、挫折防御机制

挫折防御机制是个体在经受挫折后，保持情绪平衡稳定的心理机能。当个体受挫时，总是处于应激反应之中，令人焦虑、紧张、不安、烦恼、恐惧、抑郁、痛苦。为了摆脱这些不良心理状态，避免其进一步加剧，有必要加以制止干预，及时恢复平稳的情绪活动。

作者认为，挫折防御机制分成两大类：目标调整机制和结果再释机制。

目标调整机制主要针对受挫者的目标,通过调整目标,达到心理平衡和稳定。结果再释机制主要针对受挫者的结果,通过对结果的重新解释,达到心理平衡和稳定。

目标调整机制的方法主要有五种:置换效应、临摹效应、重振旗鼓、退守效应和亡羊补牢效应。结果再释机制的主要方法也有五种:淡化效应、客观化效应、合理化效应、趋利效应和无睹效应。

三、工作中的挫折

在工作中,产生挫折的主要原因是当事人的能力、需要、兴趣等主观条件。

在工作中,如果一个人能恰如其分地按照自己的能力、需要、兴趣等主观条件,设定自己的目标,那么他就能通过学习、训练和练习,不断向前成功地发展。

如果不顾自己的能力、需要、兴趣等主观条件,为了他人的评价,任意提高自己的目标,那么,在奋斗目标前,很可能会觉得自己心有余而力不足,于是,挫折感就难以避免。

如果上司对员工期望过大,超过员工的能力、需要、兴趣,确定不切实际的目标,那么,不仅会损害员工的积极性,而且也会给自己的管理工作制造麻烦。

当工作中遇到障碍时,对善于努力调节能力与目标的适应关系的人来说,工作障碍是一种暂时现象,不会形成挫折。反之,如果不善于提高自己的能力,或者不是在提高能力的前提下提高目标,那么,就会深受"挫折"的危害。

四、挫折忍受力

挫折忍受力是指个体遇到障碍时驱动行为的内动力,如意志、毅力等心理状态。挫折忍受力也称为自我张力。个体在障碍面前是否产生挫折感,与其忍受力直接相关。其忍受力越强,挫折感就越难形成,反之,则屡屡形成挫折感。

挫折忍受力的强弱受到四方面的影响:

　　(1)生理强弱。如马拉松运动员在长跑时具有很强的生理忍受力,而一般人员则由于生理上缺乏忍受力,无法完成这个任务。

　　(2)动机强烈程度。强烈的需要与期望往往表现为强烈的动机。这时,如果行为不成功,内心的强烈需要没有得到满足,就会产生强烈的挫折感;反之,挫折感较少。

　　(3)受挫经历多少。受挫折多的人,意志比较坚强。人们常常用"百炼成钢"、"好事多磨"来鼓励受挫折的人继续进行追求。这正是因为人们认识到只有具备拼搏精神,才能达到成功的彼岸。例如,诺贝尔研究炸药,经过无数次失败,最终才达到成功的目的,尽管当时身体被炸伤,但诺贝尔仍然是欣喜若狂,可见其意志何等坚强。反之,自小娇生惯养者,忍受力就较差。有的人在工作中经不起批评,吃不起苦,在挫折面前一蹶不振。自暴自弃,就是缺乏意志和毅力的表现。

　　(4)认知与预见。遇到挫折怎么办? 如何处理挫折带来的不良后果? 对于这些问题,不同的个体在同样的问题面前会作出不同的回答。这就是与个体对挫折的认知与预见能力有关,从而产生不同的挫折忍受力。

第二节　挫折理论的运用与发展

一、如何判定当事人遇到挫折

　　很多人都把挫折看成是某件事情,比如说,没考上大学,找不到工作等等,其实这只是一种说法。这里我们要从心理学的角度来理解"挫折"这两个字,而不是从事情的角度来理解。由于主客观的原因,心里非常想完成的那件事情没有成功,用心理学的话来说,就是主导动机无法转变为行为,那这个人就会出现悲痛欲绝的特殊心态。因此我们要讲的不是那件事情,而是心态。是不是"悲痛欲绝"呢? 如果是,那他就是受到了挫折;如果不是,那无论这件事情是否成功,我们都认定他没有受到挫折。

　　去年,黄老师朋友的儿子参加高考,成绩单出来显示总分630分,父母亲很高兴,认为上重点大学没问题。但他儿子却跑

到自己房间把门一关,嚎啕痛哭。因为他一门心思要考北京大学,但北京大学的分数线是 680 分,以他现在的分数肯定是上不了了。父亲看到自己的儿子这么伤心,连忙请黄老师来为他儿子做心理援助。幸亏处理及时,否则他的儿子多多少少可能会出点问题的。

同年,另一个高考生拿到成绩单一看总分 460 分,他很开心。因为,之前他自己的高考估分只有 420 分。他的父母看了成绩后马上拿出钱让儿子去请客了。

630 分的要死要活的,460 分的却是那么开心,那么究竟是哪一个受挫折呢? 显然是 630 分的受挫折了。

二、挫折对人生的积极意义

有一句心理学的名言:你想你的子女没有出息吗? 那就让他不经受任何的挫折。这句话如果从正面来说,就更直接了:你想你的子女有出息吗? 那就让他屡经挫折。因此说,挫折对人生并不尽是坏事情。

比如,当张三遭遇挫折时,如果他的亲朋好友或同事(当然他们最好是心理咨询师),能够及时地对张三进行心理援助,那么,张三的这次挫折就会变得非常珍贵。正所谓吃一堑长一智,百炼成钢。像这样的挫折,是成才过程中不可缺少的磨炼。

　　天汉二年(公元前 99 年)夏天,武帝派国舅李广利领兵讨伐匈奴,李陵为将。李陵带领步卒五千人出居延,孤军深入浚稽山,与单于交战。匈奴以八万骑兵围攻李陵。经过八昼夜的战斗,李陵斩杀了一万多匈奴,但最终由于他得不到主力部队的后援,结果弹尽粮绝,不幸被俘。汉武帝询问太史令司马迁的看法,司马迁对汉武帝说:李陵战功赫赫,在走投无路的情况下仍然奋勇杀敌,就是古代名将也不过如此。他之所以投降了匈奴,一定是想寻找适当的机会再报答汉室。汉武帝认为司马迁是在为李陵辩护,贬低李广利,于是下令将司马迁打入大牢,施腐刑。司马迁悲痛欲绝,想到了自杀。但后来他想到了孔子、屈原、左丘明、孙膑等人,想到了他们所受的屈辱不比自己少,想到了他们受挫折后所取得的伟大成果。司马迁坚定一个信念,那就是一定要活下去，一定要把史记写完，最后终于凭自己的意志与才华完成了这一鸿篇巨制。

三、挫折的六大不良体验

当一个人受到挫折以后，如果周围的人不懂得心理援助，甚至根本没有人知道他受到挫折，那么他很可能就会产生六大不良体验：攻击、冷漠、退化、固执、稚样化和躯体化。

1. 攻击

我们每天都要与人交往，可以说"阅人无数"。如果你突然发现一个人在你面前，对方有攻击力，那你该怎么办呢？

首先，要解决两个问题：一是弄清对方要攻击谁，这是方向问题；二是想办法消除对方的攻击力。尤其要及时地把对方攻击的方向搞清楚，攻击有三种方向：有的人攻击对方；有的人攻击无辜的人或事物；有的人会攻击自身。

接下来，该如何消除对方的攻击力呢？这个时候，要做到15个字：稳住他，保护他，避免他做出不良行为。具体怎么做，下面一一展开阐述。

（1）出现攻击对方的情况，怎么办？

攻击对方的人往往平时脾气很倔强，得理不饶人，体能又不错。一旦受到挫折产生攻击力时，这类人的心理反应就是："谁让我受挫折，我就攻击谁！"

比如，张三认为李四让他受挫折，他要攻击李四。那李四该怎么办呢？如果李四懂得解决这类问题的心理技术，就可以做到两个"轻而易举"：一是轻而易举地判断出张三的攻击方向；二是轻而易举地把张三的攻击消除在萌芽状态。

如何轻而易举地准确判断出张三的攻击方向呢？通常张三会不厌其烦地找到李四，然后一而再，再而三，明确地、公开地把自己的攻击意图告诉李四："李四！如果你对我如何如何，我张三就对你如何如何……"如果李四会处理这类情况，他第一遍听到张三的话，就知道自己是对方的攻击方向。但是，如果李四非但不会处理，反而被激怒，对张三说："你敢！"第一次对方可能不敢，第二次可能还不敢，凡事不过三，第三次张三的攻击力很可能就爆发出来了，弄不好就有可能发生人命关天的事情了。

如何及时地消除张三的攻击力呢？私人事情采取回避的办法，公家事情采取转移的办法。回避和转移的目的就是把对方的攻击力消除在萌芽状态，避免对方做错事情，造成恶劣后果。

A. 回避技术

古人是如何来归纳回避技术的呢？用一句话概括就是：退一步，海阔天空。可惜实际生活中，很多人都不肯退这一步，最后弄得两败俱伤，双方都懊悔不已。

因此，在最新的"回避技术"当中，我们不妨加进一个"心理开关"，这是个比喻，操作起来就是用一句话暗示自己。比如，张三要攻击李四时，李四意识到这是私人事情，于是把自己的"心理开关"打开，用一句话暗示自己："暂且不要把张三当人看。"

这似乎是很粗鲁的一句话，但却很准确。因为，这时候的张三看上去虽是像模像样的一个人，但是从心态角度分析，此时他已经"人性削弱，兽性张扬"。一个社会人与动物最重要的区别就是，社会人有法律意识、道德意识和纪律意识，而动物有情绪但是没有意识。因此在这种场合下，"暂且不要把张三当人看"，这句话并不过分。

如果李四把张三当小狗看，退一步就顺理成章；如果李四把张三当狼看，退三步都轻而易举；如果李四把张三当老虎看，转身就走了。

当对方产生攻击力时，兽性张扬的持续时间是以秒为单位计的，一秒、两秒、三秒，通常不会持续太久。因此，几秒钟过去以后，对方人性逐渐恢复，他就会发现自己之前说错话了，通常他会说："李四你大人有大量，我刚才是胡说八道的呀，你不要记在心上哦……"等等，这就是为什么"退一步"会"海阔天空"。

反之，如果李四不懂得回避技术，在这三秒钟内还与其针锋相对，很可能就会产生恶劣的后果。

> 某电视台播出一个案例。妻子的肚子越来越大，再过几个月就要生小孩。丈夫很勤奋，白天一份工作，晚上一份工作，准备为未来的宝宝打好经济基础。
>
> 那天，天气很炎热，丈夫匆匆忙忙回来吃中饭。门一打开，妻子不在家，他有点不高兴。再将电饭锅打开一看，米都没下锅，他一下子就火冒三丈。正在这个时候，只见他的妻子挺着大

肚子,摇摇晃晃地从外面回来,他就用很凶的语气责怪她。妻子不服气,顿时夫妻两个开始吵架。丈夫吵不过妻子,吵了没几句后,一句带攻击力的话就脱口而出:"如果你继续吵,我就用汽油烧死你!"丈夫的这句话一而再再而三地重复,意思很清楚,用什么东西来攻击? 用汽油拿来烧。攻击到什么程度? 烧死为止。如果他的妻子明白丈夫此时的状态就好了,她把"心理开关"打开,用一句话暗示自己:"暂且不要把丈夫当人看。"就当是看见一只老虎,转身就走,再出去买两份快餐。这样,买回来后丈夫也恢复理性,两个人吃好午饭,然后一个上班,一个在家休息,那这个家庭就恢复宁静了。

　　但是电视上放出来结果真是让人痛惜! 当时他的妻子还把眼前这个人当成是温情脉脉的丈夫,不仅没有逃,反而还冲上去。她一边冲上去,一边大声嚷嚷:"你烧,你烧!"话出去以后,她的丈夫怒火中烧,真的一瓶汽油浇过来⋯⋯顷刻间一团火球升起。邻居们发现后连忙过来把火扑灭,送他的妻子到医院抢救。在医院里,有一位记者采访了医生,医生说这个女病人很多关节都烧坏了,将会落下终身残疾,肚子里的小孩也保不住了,以后她将再也不能生育。记者又采访了病人的丈夫,只见她的丈夫后脑勺对着话筒,嚎啕痛哭,一句话都不肯说。最后记者旁白:"后悔药到哪里买呢?"这个丈夫一瞬间就把家庭的幸福烧掉了。

　　通过这个案例,可以看出古人的话真讲得好:退一步,海阔天空。用回避技术来描述,就是加进一句暗示:暂且不要把他(她)当人看。

B. 转移技术

以上说的是遇到私人问题的时候,用回避的方法。那么如果某个人在工作中受到挫折,对公事不满时,该用什么方法呢? 公家事情用"转移"法。

作为一名领导,就不只是代表个人,更多的是代表一个组织,因此在公事上是无法回避的,只能用转移。"转移"听起来好像与"踢皮球"有点相似,但是,转移不是"踢皮球"。

"踢皮球"是个人行为,是不负责任的行为。作为领导,一定要杜绝这种不良行为。

"转移"是组织行为,需要获得组织批准。"转移"分为两种情况:如果把处理某件事情的权利移交给上一级行政机构,这是往上转移;如果把处理某件事情的权利交给下级行政机构,叫做往下转移。

"转移"的目的就是消除当事人的攻击力,避免当事人造成严重后果。至于那件让其受挫折的事情,照样按照规章制度处理。无论是往上转移,还是往下转移,我们的"技术核心"只有两点:第一,及时地平息当事人的恶劣心情;第二,亮明身份,以自己的职务身份明确地表态愿意帮助他。

转移技术做得到位,可以让当事人心服口服地接受处理,避免不良后果;反之,很可能导致严重的后果。

小李是某重点大学的毕业生,条件很优秀,1米8的身高,是班长,学习成绩名列前茅。

当年某市某区要招考9名公务员,他也去参加考试。结果在125名角逐者当中,他取得第四名,大家都来预祝他成功。

过了几天后,小李被通知说因为他检查出"小三阳"而不能录用。小李想到去年他的好朋友"小三阳"都被录用,今年为什么他就不被录用了呢? 心里已有无名怒火升起。他打算到招聘办公室去问个清楚。

小李冲到招聘办公室。他用脚把门踢开,态度之恶劣可想而知。如果招聘办的主任听到有人踢门,并得知是考第四名的大学生,连忙运用转移技术,及时地平息他的恶劣心情,然后亮明身份,表示愿意帮助他,那一切就很好了呀。具体展开来说,就是一脸微笑、热情让座,帮他泡杯茶水,再鼓励他一番:"你其实很优秀,125名中考了第四名,我们都认为你前程无量哦!"采用这样的转移技术,几句话就可以消除对方的攻击力。

可惜的是,这位主任及其他在场的人都没有这样做。当小李踢门进去以后,这个主任就和他吵了起来,半分钟以后,主任说:"我太累了,太忙了,不和你吵了。"

这时,副主任又接上来吵了,也吵了半分钟左右,说:"我懒得和你吵。"

结果办事员又接了上来……

小李和5位同志一轮吵下来吵了4分钟。原本这名学生是来寻求疑问的答案的，结果4分钟吵下来以后，他心中就产生了无数个让人怒火中烧的问题。他返回学校，和老师同学告别，然后马不停蹄地第二次冲回到招聘办公室。

假想一下，当这个学生第二次冲回来时，5位同志有一位出来讲明一下该有多少好呢。但事实却是，又吵了2分钟。他又返回到家里，和奶奶亲戚告别。然后，他第三次冲回了招聘办公室。

这个时候的他是小狗吗？不是！是狼吗？也不是！那是1米8的老虎冲了过来。他在行政大楼旁边的杂货店里面买了一把水果刀，再次冲进行政大楼。毕竟是大学生，他的脑子当中出现一丝理智，赶紧把水果刀放进一楼的卫生间，空着两手，他第三次冲上去。

要是在他第三次冲上去的时候，5位同志有一位出来耐心劝解一下，该多好呢！结果是又吵了3句话，大学生一句，主任一句，办事员一句。于是大学生冲到一楼拿起水果刀，回到办公室。这次一句话也没有了，而是瞄准主任的背部，一口气捅出16刀，这个主任还没有转过身，连吭一声的时间都没有，就倒下了。副主任转过身看了看，刚说："什么事！"，就被他捅了20刀。大学生在捅出36刀后，退到角落，全身发抖，旋即被警方当场逮捕。

2003年12月，一审下达就判处小李死刑，3700多个大学生联合签名，恳求法官刀下留人。但法律无情，2004年5月，二审下达执行死刑，鉴于他平时确实表现优秀，判他不用枪决，用药物注射执行。

他的班主任每每讲到这个事情就泪流满面，辛辛苦苦大学培养了4年，原本这么优秀的学生怎么会做出这样的事情呢？他的辩护律师也连说可惜。

在三大攻击力中，攻击对方很危险，后果很可怕，但它是最容易被判断出方向、最容易被消除攻击力的。关键是周围的人能否及时地运用心理技术对待当事人。私人事情用"回避"，公家事情用"转移"，及时消除对方的攻击力，就可以避免造成不良后果。

（2）出现攻击无辜的事物或无辜的人的情况，怎么办？

这种情况下的攻击是恶劣情绪失控的表现，也称为"兽性的张扬"。提醒自己保持文明礼貌是控制不良情绪的好方法。

处理"攻击无辜的人和事物"远远比"攻击对方"更复杂。

A. 对方无法攻击

攻击无辜的事物或人是发生在对方无法攻击的情况下的。理论上在以下两种情况对方是无法攻击的：

第一种情况，对方是父母亲或老师尊长；

第二种情况，对方实力非常强大，近不了身或打不过对方。

在这些情况下，受挫者攻击不了对方，那么攻击力将会到哪里去了呢？他会莫名其妙攻击无辜的事物和无辜的人。

B. 攻击无辜的东西

攻击无辜的事物是生活中很普遍的不良现象。当一个人虽有攻击力，却无法攻击对方时，就很容易会攻击无辜的事物。

在工作中一些设备会被损坏，就有可能是有人攻击无辜事物的表现。

李厂长打电话给黄老师："现在的游标卡尺的质量怎么那么差呢？这个星期装配车间一连两把游标卡尺坏掉了。"

黄老师问："最近那个车间有没有人被处分过呢？"

李厂长说："两个小青年刚刚被处分过。"

黄老师说："那你问问这两个小青年，很可能就是他们弄坏的。"

李厂长把两个小青年叫进办公室。

李厂长："你们两个老实回答我问题，一切后果都不叫你们承担，如果欺骗我，就走人！"说完，把两把游标卡尺放在桌子上。两个小青年一看，满脸通红。

小青年甲："老总，不好意思，这把是我搞坏的，那把是他搞坏的。"

这个厂长说话算数，真的没有处分他们。这两个小青年也认识到了错误，在后来的日子里将功赎罪弥补了不少。

在生活中,你会不会摔东西呢?有没有摔过东西呢?攻击无辜的事物往往是内心攻击力的有效宣泄。

正月初三,陆总一家三口到黄老师家做客。刚刚坐下来,陆总电话就响了。黄老师见到他的手机时暗暗感到奇怪:以前他的手机都是高级的,五千元、六千元、八千元⋯⋯而那天的手机,黄老师仔细看来看去,最多值四五百元钱。过了一会儿,陆总打完电话,大家开始聊天。

黄老师:"老总,过年了,你把那么差的手机拿出来用,好的手机放起来不用是不是?"

陆总夫人:"去年被他摔掉 3 部很好的手机,他一发火就扔手机,所以我就干脆给他买了部便宜的手机。"

陆总:"发起火来真是很难控制住的。"

很多人都有扔东西的经历,控制情绪的能力大大提高以后,这样的行为就可以消除。

B. 攻击无辜的人

攻击无辜的事物,无非是损失点东西而已,那么攻击无辜的人呢,这就很麻烦。

研究生小邬很聪明,但由于沉迷谈恋爱,耽误了学业。临考前几天,他夜以继日地看书,可谓临时抱佛脚,但还是来不及,最后有两门功课不及格。

小邬回家向父母要重修费。如果这种情况下,他父母懂得心理援助,小邬就会"吃一堑长一智",变得懂事一些。

可是他的父母亲把钱给了儿子以后,轮番责骂,骂得小邬心中烈火燃烧。他把钱收好以后,来到厨房间,拿起一把菜刀,忽然想起父母亲是不能攻击的,于是他把菜刀放进棉衣里,并决定步行回到学校,心想:"如果在一个半小时的路程上,谁惹我,我就砍谁。"

这时的路人就很危险,如果哪个人撞他一下,肯定被他砍一刀,哪个踩他一脚,那可能就被砍两刀。所幸,那一天的路人,一个一个看他目露凶光,脸色铁青,都离得远远的。

一个半小时后他顺利到达学校,走进校园,走进研究生院,

最后走进财务科交重修费。开发票的施老太太没有注意小邬的
异样神情,平时又与小邬很熟悉,于是一边开发票,一边就说了
他两句。

施老太太:"小邬,这次怎么这么不小心。两门功课不及
……"

最后的"格"字她还没说出口,小邬就一刀砍过去了。施老
太太连中3刀,边逃边喊救命,隔壁会议室闻声冲出几个人,打
飞小邬的菜刀,把施老太太送去医院抢救。

半分钟后,小邬恢复了理智,他开始嚎啕大哭。

小邬:"我愿意写检讨!"

保卫处处长扔给他一支笔一张纸。小邬一气呵成,写了3
张纸的检讨书,用了5个理论来分析自己错误行为的思想根源。

保卫处处长:"这是研究生水平的检讨书。"

他百思不得其解,小邬理论水平那么好,为什么会砍人呢?
小邬又给施老太太写了一封信,施老太太在病床上拿出信一看,
密密麻麻两大张纸,字里行间透露出后悔、内疚和痛苦。其中,
最后一段这样写道:"尊敬的施老太太:我要终身服侍你,认你做
干妈!"

施老太太:"我哪敢认这样的干儿子呀!"

我们经常说:心态决定一切。这句话在不同的领域有不同的理解。
在这里,其意思有两层:如果当事人以人性为主,那他的法律意识、道德意
识、纪律意识统统起控制作用,他不会闯祸;如果当事人以兽性为主,那他
的法律意识、道德意识、纪律意识都被抛之脑后,这个时候他就和野兽没
有区别,他会不顾一切铸成大错。

古人说得好:一个巴掌拍不响。如果当事人中有一个失去理智,但另
一个懂得有关心理技术,就不会造成不良后果。就怕另一个也不懂,这样
后果就不堪设想。

(3)遇到攻击自身的人,怎么办?

攻击自身,通常表现为自杀。自杀现象严重地影响和谐社会的构建,
严重地影响安定团结的社会发展。2005年国家劳动部成立了一个崭新
的职业——心理咨询师。这几年,不少城市设立了防止自杀的"心理危机

干预中心"。

我们每天有那么多的人要接触，如果你突然发现身边有人要自杀，你又恰巧懂得这些心理知识，那么就有可能挽救他人一命。

A. 如何判断自杀倾向？

遇到攻击自身的人，你怎么办？首先要准确地判断出他是否有自杀倾向。

通过两条特征，我们就可以对某人是否有自杀倾向作出判断：一是当事人判若两人，由开朗变得内向、自闭和抑郁；二是当事人不良情绪的变化幅度非常大。

这是很模糊的两句话，可以用图 1-1 来表示。

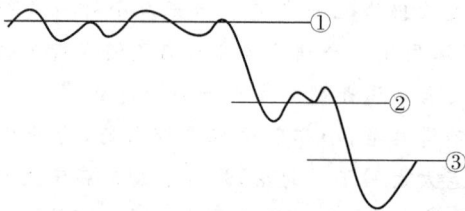

图 1-1　情绪波动曲线

图中第①种情况是健康的情绪波动曲线。高兴，在平均线以上；伤心，在平均线以下。任何健康的情绪都是波浪式发展的。

图中第②种情况，情绪的平均线位置下降了，说明当事人已经出现了强烈的攻击自身的倾向：高兴，没有以前高兴；伤心，总是悲痛欲绝。这时就要出手相助。作为领导，能否救人，关键看是否懂得这些心理知识。做起来并不难，就两句话：一是打电话给他家人，让他家人来一趟，带他回去并 24 小时监护；二是建议他家人及时带他去作心理咨询。若没有看出他有攻击自身或自杀的倾向而对他作出援助，这个人就会迅速地进入第三种情况，这就是"自杀三角区"。

B. 自杀三角区的三个阶段

如图 1-1 中③所示的"倒三角"形就是"自杀三角区"，表现为三个阶段：死不离口阶段、自杀无能阶段和自杀既遂阶段。

第一阶段，死不离口阶段。对方动不动就说想要寻死，整天痛不欲生，觉得生不如死。这个时候周围的人是否懂得心理知识，作出及时的援助显得很关键。

有一位女生,16岁考上本科,20岁考上硕士研究生,学习一直很优秀。23岁时大家都以为她要准备读博士了,没想到,春节刚过,她就死不离口。最后一个学期大家都忙着做实验写论文,没人注意到她情绪的变化。有一次她去吃中饭,远远看到一位师兄,她就上前问。

女生:"师兄,怎么样自杀好呢?"

这位师兄以为师妹在开玩笑,于是没当回事。

师兄:"自杀还不容易呀,跳楼就是自杀了嘛。"

第二天,这个女生就从11楼跳下去了,后果可想而知。这位师兄后来一刻也不敢闭上眼睛,一闭上就看到师妹站在自己面前。一个半月以后,这位师兄也出现了自杀的想法,所幸被导师及时发现,连忙带他去做心理咨询,被成功挽救。

第二个阶段,自杀无能阶段。整天躺在床上,不吃不喝,全身发冷,讲起话来一点力气也没有,气如游丝,记忆力丧失,连自杀都做不到。

张总:"儿子很不争气,不肯上班,想咨询黄老师一下,劝他上班去。"

第二天,张总一家三口来了。黄老师和张总握手时,感觉到他的手厚厚的,软软的,热热的,这双手的状态表明张总能够做到四个字:处事不惊。但黄老师和他儿子握手时,却感到寒气逼人,冰冰的,冷冷的。

黄老师暗地里告诉张总:"老总,令公子不是一般的心理障碍呢,很严重。"

张总夫人:"是很严重,他有自杀的想法。"

前两天父母亲上班去,他们的儿子不知道几点钟起的床,随后找了一根绳子挂在门框上,但忘记该如何打结,站在凳子上准备自杀,结果跌在地上无力爬起来。等到中午父母亲回来,他还躺在地上。

第三个阶段,情绪曲线往上翘,在这个阶段能力增加,记忆力恢复,饭量增加,说话声音响亮。其中记忆力增强是最糟糕的事情,为什么呢? 如果上述的男生想得起如何打结了,很可能就自杀了。因此,第三个阶段叫做自杀既遂阶段。

　　张国荣最后演的电影叫做《异度空间》，演一个想跳楼的心
理咨询师。有关报道说，他演完电影后，一个月在家中死不离
口，躺在床上像个"活死人"，第三个月各方面看似有所康复，没
想到有一天独自开车外出后就跳楼自杀了。

2. 冷漠

冷漠是热水瓶效应，表面上冷冷淡淡，内心深处却热切地希望有人能
理解他。冷漠分为工作冷漠、夫妻冷漠和两代人冷漠。

在工作中，一旦觉得自己被领导冷漠对待，很多人首先想到的就是跳
槽。现在工作单位实行双向选择，优化组合，所以单位中的人际关系冷漠
已经很少。

夫妻冷漠不是由于外表、年龄、物质条件等因素造成的，而是由于夫
妻心理不匹配引起的。夫妻冷漠可以通过夫妻心理匹配度来调整。

夫妻心理的要素归纳为一二三四五：一是平时做到"在情不在理"，二
是讨论大事做到"不否定、不抱怨"，三是面对再交往时做到语气、脸部表
情、行为都要温和，四是多多表达早安、晚安、出门告辞、回家通报，五是喜
怒忧恐悲五个情感通道保持畅通。

事实证明能否按这几条做是恩爱夫妻与冷漠夫妻的分水岭。做到就
是恩爱夫妻，做不到就变为冷漠夫妻。

夫妻双方各有特长，在一个问题上谁更有经验就应该听谁的，另一方
就要服从这个意见，避免出现东拉西扯情绪化的不良行为。

即使是冷漠夫妻，但是若从交往的第一天开始回想，还是有很多愉悦
的经历，这些事情都可以作为平息心中怒火的重要依据。

当一方已经发火的时候，另一方去做一件家务，发火的一方自然而然
会平息自己的不良情绪，也会配合另一方去做家务，从而到达夫妻间的
默契。

两代人之间的冷漠必须及时发现，及时消除。

　　黄老师的一个好友郑处长，每次见面总是微笑，但有一次，
郑处长的脸都拉得长长的。

郑处长:"做人失败,今天总算知道怎么算做人失败。"

黄老师询问原由,郑处长说了家里最近发生的一件事情。

郑处长:"你不知道,我儿子最近对我一直不理不睬,问他话也不搭理。我俩的关系一直很冷淡。"

上个星期郑处长一家三口在院子里吃西瓜,大家吃得很开心。

夫人:"豆豆,小舅舅从广东回来了,给你带了玩具,是把手枪。"

豆豆拿到枪后玩得很高兴,很得意地拿着枪跑来跑去。

豆豆:"这把手枪要是真的就好了。"

夫人:"小小年纪要真枪干什么?"

豆豆:"如果这把枪是真的话,我就一枪崩掉爸爸。"

郑处长一下转过身,心跳得飞快,心想:这是儿子?还是敌人?

黄老师听后劝道:"童言无忌的,那么认真干吗?"

"童言无忌"的"童"是几岁呢?是六周岁。六周岁之前的小朋友在思维时,还没有建立因果关系,所以说过的做过的一会儿就忘了,因此称作"童言无忌"。六周岁后,因果关系就逐渐建立。因此,六周岁以上的小朋友的所言,就不再是"童言",对他们所说的话,就要认真对待。

豆豆已经上小学三年级,他的话还是童言无忌吗?显然不是。黄老师之所以对郑处长这样说,主要是安慰他,但心里已经做好准备,要尽早找到他的儿子,帮他调整心理。

几天后,黄老师遇到豆豆。

黄老师:"你那把仿真手枪能不能给我玩一下呀?"

豆豆:"不在我这里了,那天只让我玩了半分钟就被妈妈缴掉了。"

黄老师:"你话说得那么难听,当然要缴掉了。你现在还想不想崩掉爸爸呢?"

豆豆说:"想啊。"

看来豆豆说这句话是当真的。

黄老师："你爸爸对你那么好，你怎么那么恨你爸爸呢？"

豆豆："哪里好呀，他从来不把我当人看，打起来都是往死里打的。他一发起火来，就用脚踢我的小腿，要痛死人的。"

黄老师："那你想不想踢你爸爸几脚回来？"

豆豆："想的！"

看来这是他渴望已久的事情。

晚上，黄老师打电话给郑处长。

黄老师："处长，看来是你对儿子管得太严太凶了。迟报复还不如早报复，迟出气还不如早出气，你让他踢几脚回去，好不好？"

郑处长连声说："你安排，你安排。"

第二天，郑处长请黄老师去他家里。

黄老师："豆豆，你想不想踢你爸爸几脚回来？"

豆豆一下转过脸去，装作没听见。

郑处长："如果你认为爸爸踢过你 20 脚，你今天就踢 20 脚回来，如果是 10 脚，就踢 10 脚。"

豆豆："爸爸，不要 20 脚，也不要 10 脚，3 脚就够。"

郑处长很高兴，心想儿子还算好说。于是就站起来，好像做游戏似的，看到豆豆只是穿了个软拖鞋，光个脚，想着怎么踢都不会痛。

豆豆："等一下。"

豆豆转身跑到房间去，出来时只见他脚上已换成了大头皮鞋。只见豆豆倒退 5 步，再冲上来，猛地一脚踢到了郑处长腿上。

郑处长顿时脸色发白："不要再踢了，骨头都要被你踢断了。"豆豆咬紧牙齿"咚咚"两脚后不踢了。

去年 9 月份，豆豆读高一了，个子比父亲还高。可对那件"报复"的事情郑处长仍记忆犹新。

郑处长："幸亏早点报复掉，如果现在来报复真控制不住他。不过，那一次以后我也懂得了不随便打骂他，尤其是体罚。对他身体的伤害会迁徙到心理的反应，最终升级为仇恨。"

3. 退化

退化的人往往拥有一段辉煌的过去,可是在遭遇重大挫折之后,其逻辑思维能力大大削弱,凭感情做事,基本上无法完成管理者交与的任务。

退化者有两大特征:一是由于工作能力下降,其业务表现一路下滑。从他最高薪酬水平开始算,一直是下降的,降到五分之一时,他就是"废人"一个了。

二是在一个单位稳定的工作时间越来越少。如果已经到了以月为单位,不断跳槽,那这个人也就不可用了。

有的小企业若是引进退化的人才,并委以重任,就很容易导致企业走下坡甚至破产。

如何将退化的人截拦在用人的大门之外呢?那就要依靠专家面试。专家面试和普通的面试有何区别呢?普通面试是在专门的场地,由评审组按照特定的程序进行,而专家面试是不露声色,通常在吃饭或喝茶等看似随意的日常活动中进行。

任总经理:"黄老师,我想引进一个集团的副总裁,你帮我做一个专家面试行不行?"

黄老师:"好的。"

任总来了,蒋副总来了,应聘者来了。黄老师与三人一起去了一家茶室。大家边喝茶边聊天。几分钟以后,黄教师对应聘者说:"你真是挺能干的,这么年轻就在国外拿了MBA学位。"

应聘者:"还年轻呀,当时已经32岁了,在班上算大龄学生了。后来运气不错的,飞利浦来招人,我马上被录用。两年后被提拔,再两年被提拔为区域经理。年薪160万人民币。"

黄老师:"这么高的薪酬,你为什么干了一年半就不干了呢?"

应聘者:"想来想去在飞利浦干了5年半了,要学的东西都已经学到手了,没什么好学的了,于是很想换个公司去学一学,正巧松下来招人,应聘成功,就离开了飞利浦。"

黄老师:"那你到松下去是不是待遇更高了呢?"

应聘者:"那倒不是,折合成人民币是年薪120万。"

黄老师:"那你为什么干了两年又回到国内了呢?"

应聘者："国内某集团来了 3 批人,邀请我当集团副总裁,三顾茅庐,盛情难却,于是就回来了。"

黄老师:"年薪是多少?"

应聘者:"国外 MBA 回来的行情是 60 万年薪,因为我是副总裁,加 20 万,是 80 万人民币年薪。"

黄老师:"什么时候一年到期了呢?"

应聘者:"再过 20 天就满一年了。"

后来黄老师问任总:"你给他多少年薪呢?"

任总说:"我们给他的是 45 万人民币年薪。"

这个应聘者的年薪从 160 万一直降到了 45 万,他的稳定工作时间从五年半减少到两年,再减少到一年,可以猜想,到任总的集团那肯定不会超过一年。

事实上,这位应聘者是在婚姻问题上受到了两次挫折,从逃避婚姻到害怕婚姻,直到严重影响逻辑思维,导致工作能力下降。

4. 固执

固执是由逆反心理和盲目心理组成的,导致难以解决问题。只有消除这两种不良心理,才能走出固执。固执的人心理调节能力差,往往以偏概全,先入为主,善争执,不肯轻易认错。如果遇到这样的员工,管理者的执行力就会被大大地削弱。因此,对于固执的部下,可以采取的方法有两种:一是辞退,二是收回决策权。但是固执的人,如果不是自己的部下,而是好朋友,那恰恰能够给自己提供很多好建议。

60 岁的蔡董事长拥有一家中型企业。通过"空降",他请进 40 岁的李某,任销售部总经理。可是李某才来 10 天,蔡董事长就被他搞得不太高兴。

李某第一天上班,上午与蔡董事长相处得不错,但是到了下午在探讨具体销售方案时,他们争论了一个多小时,蔡董事长辩论得头都晕了。

蔡董事长想了一个晚上该如何反驳,没想到第二天,李某又换了个问题和董事长争论。

蔡董事长请黄老师对李某进行专家面试,约三人共进午餐。

黄老师："你对人民币升值是怎么看的?"

李某引经据典谈了自己的看法。他刚说完,黄老师就决然地否定了他的看法,而且把"错"字讲得特别响。李某一听自己的观点被否定,连饭也不吃,开始反驳,一定要争赢为止。后来黄老师及时地肯定他的观点,李某才罢休。显然,李某是很固执的人。于是,黄老师建议蔡董事长辞退李某。

那天晚上,董事长想了想,觉得李某上班才没几天,而且是亲自请他来的,这么快就辞退他,觉得不好意思。

第二天,蔡董事长找李某谈话。

蔡董事长："李总,董事会研究过了,给你100天的磨合期。在这期间,你做书面建议,董事会集体决策。"

这样做目的就是收回李某的决策权。李某精力好,想法也多,一个星期一个建议,两个月不到,就交上去了八个建议。对于这些建议,董事会讨论后认为,那么大的集团公司,有南大区、北大区,全国的销售点有80多个,如果放权让他干的话,每一个建议都会损失近千万。董事会让秘书把会议记录总结一下,传给李某看。

第三天,李某来到董事长办公室。

李某："董事长,家里来了电话让我回去一趟,估计没有半年回不来,您另请高明。"

董事长向黄老师咨询该如何处理。

黄老师："隆重欢送。尽量争取成为好朋友。"

董事长摆了几桌酒宴,把中层干部聚集在一起,隆重欢送李某。

后来,董事长与李某成了好朋友。每个月,蔡董事长都会请李某喝茶。每次喝茶,蔡董事长都会与李某讨论一些工作上的问题,李某总是侃侃而谈,因为不是部下,说得不对董事长也不会生气。正所谓"言者无心,听者有意",李某提出的建议中有不少还是有用的,帮助蔡董事长解决了工作中遇到的一些困难,让他收益颇丰。

5. 稚样化

探讨稚样化问题,涉及两个基本的概念:生理年龄和心理年龄。

如果你遇到一个人问你的年龄,会不会觉得对方太冒昧了呢? 会不会回答对方呢? 如果你心情好,觉得无所谓,那你会告诉对方自己哪年生属什么生肖,这个时候,回答的是生理年龄。生理年龄以时间为评价单位,一年一岁,是不以自己的意志为转移的。

而心理年龄是以特征行为作为评价依据,因此,有的少年可以做到"少年老成",有的老年人可以做到"鹤发童心"。

对于中老年人来说,在当前物质条件充分发展的今天,除了生理年龄外,更多地开始关注心理年龄了。尤其是在管理者、企业家群体中更是如此。有的人甚至可以做到"永葆青春"。心理年龄比生理年龄年轻 10 岁是不难做到的,40 岁看上去像 30 岁,50 岁看上去像 40 岁,这样的现象可以说比比皆是。

作者认为,儿童处于高速发展时期,每个阶段的儿童的心理年龄都有阶段性的特征行为。

(1)0—2 岁特征行为

0—2 岁时的特征行为是"吃手指"。刚生下来第一个月"吃"拳头,六个月以后"吃"4 个手指头或"吃"大拇指,再"吃"六个月,就不再"吃"了。婴儿"吃手指"其实是为得到安全感。

　　来询者:"我的女儿年龄不到三岁,在幼儿园动不动就打小朋友,这是什么原因?"

　　黄老师:"几岁开始这种行为呢?"

　　来询者:"很小的时候就开始了,那时候还不会走呢,奶奶抱她,她会打奶奶的脸。奶奶还很高兴,叫她再打再打。"

　　黄老师:"现在她奶奶怎么说。"

　　来询者:"现在她奶奶后悔了,认为是自己教育不当引起的。"

　　黄老师:"你女儿 2 周岁前有没有'吃手指'?"

　　来询者:"有啊,被奶奶调整好了,吃了一个来月,就不'吃'了。"

　　黄老师:"现在会不会偶尔'吃'一下。"

来询者:"会的。"

黄老师:"小孩,尤其是婴儿,是没有打人的想法的。如果0—2岁没有满足吃手指的需要,两只手会觉得不舒服,而出现多动的行为,在成年人看来就是打人。"

来询者:"幼儿园老师都怕我的女儿上学,因为,前天她把一位小朋友的脸抓破了,害得老师被那位家长责怪。有没有办法让她不打人呢?"

黄老师:"那只有补课了。让她用奶嘴喝水,是一种比较好的调整方法。"

来询者:"这种方法能行吗?"

黄老师:"行的,因为在0到2岁时,小孩子通过吃手指找到吸吮母乳的感觉,如果吃手指的行为总是被阻止,那么她的这个需求就得不到满足,所以她就会去寻找周围的东西发泄,比如打人,所以只要你的小孩愿意用奶嘴,就尽量用奶嘴,目的就是满足她的这个需求,这样心态好了,打人的行为也慢慢会调整的。"

(2)3岁的特征行为

3周岁的特征行为是"照镜子"。儿童通过照镜子,更好地认识自己,形成"自我意识"及"爱美之心"。但是,如果镜子离眼睛的距离很近,会照出"斗鸡眼";如果把开着的电视机当镜子,脸贴着屏幕照,那就会照出"近视眼"。

来询者:"我的儿子三虚岁,在幼儿园读书。我和他爸爸的眼睛都很好,可儿子的眼睛却不太好。已经到医院散了两次瞳孔,医生建议戴眼镜。"

黄老师:"你儿子喜欢照镜子吗?"

来询者:"很喜欢的。"

黄老师:"父母亲要指导他怎么照。尽量把镜子之类的东西放得高一点,及时避免他把电视当镜子照。尽量带他晚上去数星星。半年以后,你儿子的视力会转好的。"

(3)4—6岁的特征行为

这时候的特征行为,一是像个"跟屁虫",总喜欢跟在父母亲身边;二是总爱缠着父母亲讲故事。其意义是,通过"跟屁虫"萌发交往心理,通过讲故事萌发学习心理。

如果父母充分满足"跟屁虫"的心理需求,孩子就会很阳光,不惧陌生,喜爱交往,否则其活跃的一面就仅仅局限在家庭环境中,一出家门就感到拘束,表现为"金口难开"。

父母在满足孩子讲故事的心理需求时,尽量将孩子带到床上讲,父母自己编故事,声音越讲越轻,速度越讲越慢,讲到孩子睡着为止,目的是让孩子在这个过程逐渐形成学习兴趣。这个时候,有的父母会在自己讲完后要求孩子复述,这样则很容易造成学习恐惧心理,如"考试恐惧心理"和"做难题恐惧心理"。如果在这个阶段,父母很少给子女讲故事,小孩的学习心理就不能得到及时的培养,那么在未来的小学生涯中则很容易产生厌学心理。

（4）小学生的特征行为

小学生阶段是"初生牛犊不怕虎",是人生中最自信的六年。如果这个时期小学生自信心很强,就可以成为老师眼中的"优等生",反之,其自卑心理很强,在老师眼中就是"差等生"。

如果小学生总是嫌父母"烦死了",就说明已经形成了自卑心理。如果小学生总是表现为不愿意与父母讨论学习问题,则说明自卑心理已经干扰了学习心理。

> 来询者:"如果小学生回家告诉母亲,妈妈,我今天数学比同桌高5分。这个时候父母应如何回答,把他的自信心比出来?"
>
> 黄老师:"两句话就足够了。第一句:'你真聪明。'要夸奖他。第二句:'那你下次要考得再比同桌多几分,好不好?'这是设置一个新的目标。这两句话讲好以后,就可以带他去吃饭或者做别的事情了,千万不要再多讲话了。"
>
> 来询者:"为什么呢?"
>
> 黄老师:"因为这个时候,小孩子一路跟随父母走,一路会反复强化自己,多考几分、多考几分,很可能下次真的会考得更好。"
>
> 来询者:"如果多说几句呢?"
>
> 黄老师:"如果这个时候除了这两句,还有三四五六句加进去,那孩子就会晕晕乎乎,反而把最前面的两句忘记了。"

来询者:"如果父母一定要知道小孩的成绩,怎么办?"

黄老师:"如果这个时候父母亲刨根问底,孩子考了高分还好,如果无奈之下必须回答自认为不理想的成绩,就会产生自卑。如果父母再接着问,班上最高分是几分? 就使得孩子更无奈,若真的如实回答:'100分,满分。'小孩会产生更强烈的自卑心理。"

来询者:"在得到答案后,是不是很多父母亲都会觉得很不舒服了呢?"

黄老师:"那是一定的,这也往往是责怪甚至是责骂子女的原因。如果连续3次这样的情景发生,小孩就再也不愿意和父母亲讲学习问题了。"

(5)初中生阶段的"否定式交往"

为什么有初中生的家庭中,十个有九个是孩子让大人头疼心烦的呢?

这是由于初中生与父母交往有一个专门的模式,叫做"否定式交往"。当父母让孩子去做一件事情,如果孩子回答:"知道了。"其意思是:"我不做。"反之,让孩子什么事情不要做,孩子回答:"知道了。"那意思就是:"我要做一下。"

如果父母整天要求孩子读书,他(她)很有可能就会去玩电脑游戏;如果父母一天到晚盯住他(她)做家务,很可能他(她)反而去做作业。其实做家务是培养初中生思维周密度及行为准确度最适宜的一种方法,可以大大提高孩子的学习能力,并减少玩游戏的行为。

曹总:"我家儿子真让我头疼。那天我告诉儿子家门口的小弄堂千万不要去走,因为那儿正在拆房,很危险。儿子不耐烦地说:'知道了。'后来我发现,他趁我不在家时就以最快速度在小弄堂里来回穿梭了一趟。"

黄老师:"你儿子念初中了吧?"

曹总:"是的,刚上初一。我看他回家后一页书都不肯看,只顾玩电脑。做作业简直是敷衍了事。我们做家长的不知道该怎么管他。"

黄老师:"你家的家务一般由谁做啊?"

曹总:"基本上是由我表姨做的,63岁了,做得很好。"

黄老师："如果你表姨回家，那谁做呢？"

曹总："那就只有我妻子做了，不过她一个人忙不过来的。"

黄老师："让儿子帮忙就是了。"

曹总："他不会做。"

黄老师："让他妈妈教嘛。"

过了一段时间，曹总又来。

曹总："我表姨上个月回家有事。我妻子做家务时叫儿子帮忙，结果真是可笑极了。"

黄老师："怎么呢？"

曹总："这段时间，儿子一放学，他妈妈就叫他帮忙做家务，做了一个星期，儿子急了，每天都告急，作业来不及做了。现在他母亲一叫他做家务，他马上做作业去了。"

黄老师："成绩如何？"

曹总："班主任说他这段时间进步很快。上课时注意力也比以前集中多了。这是为什么？"

黄老师："电脑玩少了，脑子中有关学习的思考增强了。"

曹总："这也是，这段时间倒真是没有时间玩电脑。这是不是否定式交往啊？"

黄老师："是的。"

曹总："我单位那个保安，家里贫困，口口声声叫儿子不要读书，早点赚钱。他儿子也是初二，一大早帮早餐店做小工，一放学也是做小工。但奇怪的是，他儿子的成绩总是名列前茅的。"

黄老师："父亲越是叫他不要读书，他儿子恰恰听进去'我要读书'。否定式交往哪！"

(6)高中生阶段的特征行为

该阶段孩子的特征行为是"主观能动性"。一个人能够从自己的所见所闻中总结出经验，叫做"主观"；能把自己总结出来的经验推动自己发展，则叫做"能动"。因此，家有高中生，父母一定要保持与子女密切沟通，源源不断地将自己的所见所闻传达给子女，让子女从这些所见所闻中总结出经验，并变为成才的重要动力。

父母在传递所见所闻时，就等于是把"成才"两个字传递给子女，子女在总结经验时也会总结出"成才"两个字,再主动推动自己成才,从而形成"成才"强大的内动力。如果做不到这一点,很可能会产生不可逾越的代沟。所谓"代沟",就是父母只顾自己总结经验,子女也只顾自己总结经验,这两部分经验的差距叫做代沟,之所以"不可逾越",那是因为高中生子女往往把自己总结出来的经验视为"真理",这时无论父母施加什么压力,都不会屈从。两代人难以统一意见,就会造成两种情况——双方互不沟通或者激烈争执。

(7)稚样化

"十八岁成人,二十三岁成才"。这句话的意思是,在 18—23 岁这五年中,所有人都会面临社会的挑战,挑战成功则在 23 岁以后会飞速发展,父母可以转变到旁观者的心态,让孩子充分发挥自身力量,在社会实践中得到磨练。如果这五年中孩子挑战失败,就会逃避社会,渐渐地其心理年龄跟不上生理年龄的增长,就会出现幼稚的心理。这种心理称为"稚样化"。稚样化者经常足不出户,反锁房门。

造成稚样化的根本原因就是过度拔苗助长。18 岁之前称为未成年人,就是"苗"。未成年人的心理发展如前所述有自身成长规律,一旦破坏,就很容易在 18 至 23 岁这五年间形成稚样化。

温总:"以前不知道儿子是什么问题,现在才知道原来是'稚样化',那现在该怎么办?"

黄老师:"你儿子现在多大?"

温总:"33 周岁。"

黄老师:"有没有上过大学?"

温总:"21 周岁大学毕业,工作了半年就不肯做了,说是身体不好,不能适应工作环境。怎么说他都没有办法。企业那么大,我们也没有精力管他。一晃 12 年过去了,虽已到而立之年却一事无成。请老师指点帮忙。"

黄老师:"实话实说,稚样化在 5 年之内可以调整得很完美。稚样化如果在 6 到 10 年内,那么由表及里、由此及彼的联想速度会比他人慢得多。"

温总:"那像我儿子呢?"

黄老师:"如果在 10 年以上,关键看他乘法口诀表还能不能背,能背就可以调,不能背就不可逆。"

温总:"能否请老师到我家里看看? 辛苦您了。"

屋里温总的妻子费了数分钟的时间劝他的儿子阿春开门。聊了大约 15 分钟后,阿春消除了对黄老师的恐惧。

黄老师:"阿春,3 乘以 3 等于几?"

阿春:"不知道。"

温总:"慢慢想,1 乘以 3 等于 3,2 乘以 3 等于 6,3 乘以 3 呢?"

阿春:"好像等于 9……"

黄老师再问了五道题,阿春一道都回答不出来了。

温总:"怎么办呢?"

黄老师:"请温总挑选出两个小伙子大学生员工,与你儿子同吃同住同学习,什么时候口诀表背诵恢复,什么时候再做调整。"

温总:"想当年儿子三周岁时画了幅金鱼图,获得了国际儿童美术金奖,五周岁时画了幅熊猫图,也获得了金奖,都以为是小天才小神童,现在怎么会变成这个样子呢!"

0～18 岁是人格整合期,如果出现人格扭曲,就留下稚样化的隐患。儿童时期的"五个咬"(咬铅笔、袖口、领口、棉被、书本)和吃指甲,少年时期用手抓出的满脸红痘痘(不是青春痘),都是人格整合不完美的表现。因此,要遵循心理发展规律,使未成年人形成完美的人格整合,避免稚样化的不良后果。一旦发现稚样化要及时调整,以免延误纠正的时机。

稚样化的成因有一个共同点,就是在发展的过程中,父母往往有一些行为严重违反了心理发展规律,属于"拔苗助长"。

6. 躯体化

心理障碍转化为生理障碍的现象,称为躯体化。

(1)心理障碍和生理障碍

如果一个人有精神方面的问题,可以导致以下情况:心理障碍;神经症;精神病。

通俗地说,心理障碍是健康群体中出现的,对工作、学习、生活有不良影响的心理问题。神经症是神经功能失调的疾病,而精神病则是丧失"自知力"的精神疾病。

打比方说，一个人坐在沙发上无法起立，可以有三种情况：腿麻严重；腿扭伤；腿骨骨折。腿麻不是疾病，不用药物，按摩数分钟就可以起立走路了；腿扭伤，就务必到医院治疗；而骨折就必须到骨科门诊作手术了。

与此同理，心理障碍是不用吃药的，通过心理咨询就可以调整的，正所谓"心病用心药"；神经症就务必到医院精神科，通过药物治疗；而精神病就必须送到精神病专科医院治疗了。

在生活中，两种情况会导致心理障碍。第一种情况是当事人遭受挫折后，没有及时得到心理援助，形成心理障碍。第二种情况是挫折频频不断，来不及消除，积少成多，形成心理障碍。

心理障碍本身不算疾病，但是，量变到质变，到了一定的程度，也会引起机体功能失调，导致生理上出现疾病。

（2）临时僵化

临时僵化有三种现象。轻微时，先是脑子经常出现一片空白。比较严重时，眼前会出现天旋地转。最严重的是休克，一旦出现休克，那就是"冰冻三尺，非一日之寒"，必须无条件放弃一切工作，在心理方面和生理方面做治疗。

关董事长："我最近经常出现脑子一片空白的现象，急死了，怎么办？"

黄老师："最近一个星期，这种现象出现了几次？持续时间多长？"

关董："好像有三次，短的二三秒钟，长的话，会有一分来钟。"

黄老师："最近一次是什么情况？"

关董："最近一次是昨天，前往工地剪彩。礼宾小姐递给我剪刀盘，我刚想去拿剪刀时，脑子突然出现了空白，我连忙让总经理代我剪彩。"

黄老师："这几年，是否压力太大？"

关董："别人看起来，我的企业飞速发展。但只有自己知道，我每天承受多大的压力呀。每天晚上不到凌晨一点不睡觉，无穷无尽地思考,六十岁不到,头发都全白了,全靠染黑的。"

黄老师:"工作中压力太大,会在心中形成大量的心结,如果疏理不顺,会降低愉悦度,如果愉悦度过低,会影响生理功能的正常发挥。脑子空白,就是其中的一种。"

关董:"严重吗?"

黄老师:"是临时僵化中最轻的一种表现。"

关董:"我应该如何做呢?"

黄老师:"逐步减少工作量,让儿子接上来。"

关董:"否则会如何?"

黄老师:"这是一个躯体化的过程,是一个渐变的过程。如果继续严重,会天旋地转,最严重的就是休克,那个时候,是必须放弃一切工作的。你现在应该减少工作量。退居幕后当顾问是最好了。再积极地做些心理调整和生理康复,肯定会好转的。"

(3)终身僵化

终身僵化是一个不可逆的恶化过程。这个时期,其生理出现了不可治的疾病。由于躯体化的过程是很缓慢的过程,因此,生理疾病的形成是缓慢的而且是全身弥漫的过程。

赵总经理:"在单位里,大家都称我是第二代掌门人,我是不想这么早就接班。原来想 50 岁接班,到时父亲 75 岁当顾问。没想到父亲才 55 岁就去世了。说起来三十而立,但是毕竟经验不足,没有心理准备。"

黄老师:"你父亲创业能力真是强。在省里,你父亲也是很有名气的。"

赵总:"他 18 岁闯荡江湖,22 岁正式办企业。到现在,国内外都有生产基地,员工上万,产品销售全世界。但是 50 岁时就发现身体不行,一年当中两次肝昏迷。53 岁换肝,55 岁就去世了。"

黄老师:"你什么时候接的班呢?"

赵总:"父亲去世后,不得不接班。"

黄老师:"如果你在父亲 50 岁时就接班,你父亲当顾问,让他一门心思做治疗,那肯定会好许多的。"

赵总:"父亲也估计不到,想想有那么多的钱,不怕治不好,

52 岁时身体已经很虚弱，还连续三个月在国内外作新产品考察，大家都说他是'拼命三郎'。他自己还很得意的，频频地参加各种会议，接受采访。"

黄老师："老董事长换肝后，仍然工作啊？"

赵总："是的。他自己认为，家中经济条件那么好，现代科技那么发达，怕什么？"

黄老师："他与别人不一样的。"

赵总："哪方面呢？"

黄老师："在物质上他富有，在精神上，他要思考的问题与一般人相比，那更是不知道要多多少！"

赵总："换肝前，不巧的是，国外形势对我公司有点不良影响，他就心烦得很，全靠药物控制才能睡觉。后来不得不采纳医生建议，作换肝手术。"

黄老师："老董事长的躯体化的概率比一般人要大得多。如果你 25 岁接班，他就会心理压力大大减少，不太会出现终身僵化的。"

赵总："是啊。这样看起来，我这一代人要想通一点。"

黄老师："关键是每天要及时消除心理障碍。心理障碍是躯体化的根源。作为管理者，在不断推动工作和社会发展的同时，我们有责任让自己的身体保持健康。"

第三节　如何对受挫者作心理援助

当个人受到挫折时，如果能及时得到他人的心理援助，那这种挫折就会上升为珍贵的磨炼，并可以形成挫折防御机制，从而提高挫折忍受力，在吸取教训的过程中，总结经验。在下一次遇到相类似的事件时，就可以避免错误，争取成功，提高意志力。正所谓"吃一堑，长一智"，"吃一堑"是当事人自己不小心遇到的挫折，"长一智"是心理援助者给予的提升。

挫折防御机制如下图所示：

```
                              ┌─ 以积极目标取代消极目标——置换效应
                              ├─ 临摹他人建立新的目标——临摹效应
                    目标调整 ─┼─ 调整目标的程度和实施速度——重振旗鼓
                    机制      ├─ 无条件放弃某种目标——退守效应
                              └─ 修补完善受损的目标——亡羊补牢
  挫折防御机制 ─┤
                              ┌─ 把受挫结果一般化——淡化效应
                              ├─ 把原因客观化于客观因素——客观化效应
                    结果再释 ─┼─ 找出必然的因果关系——合理化效应
                    机制      ├─ 夸大有利的成分——趋利效应
                              └─ 无视结果的存在——无睹效应
```

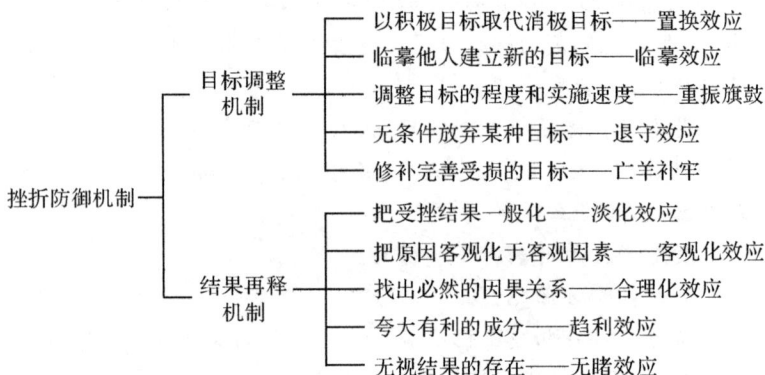

　　我们在对他人进行心理援助时,可以在目标机制的五种方法中,挑选出最有效的一种方法调整其目标;从结果再释机制的五种方法中,挑选出最有效的一种重新解释所面临的不良后果。这种组合后形成的心理援助方法称之为"1+1心理援助法"。

　　通过目标调整机制,可以让当事人的认知从麻木到理性,通过结果再释机制,可以调整当事人的情绪从悲观到乐观,从而使得当事人的行为从消极到积极。

　　中医理论认为人的情绪可分为五种:喜、怒、思、恐、悲,并进一步提出情绪的相互制约机制,即:喜胜怒,怒胜思,思胜恐,恐胜悲,悲胜喜。这些方法都可以用于挫折防御机制之中。

一、目标调整机制

1. 置换效应

　　置换效应的关键是:当事人目标清楚,但难以实现;通过心理援助,以有实现可能性的新的目标取代原目标。能否成功置换取决于两点:一要充分肯定原目标;二要让当事人感觉到所置换的目标是为了更好地实现原目标。

　　高考生小孙:"黄老师,我心里真是非常难受,对不起父母,对不起老师,对不起所有人。"

　　黄老师:"为什么呢?"

　　小孙:"我前年高考,离清华大学的录取分只有17分。去年再考,却相差 36 分。这样下去,我怎么办呢?"

黄老师:"你最近晚上睡眠如何?"

小孙:"做噩梦,梦里全是做错题,醒来全身发抖。"

黄老师:"胃的感觉舒服不舒服?"

小孙:"没有食欲,反胃,甚至胃下沉得难受。"

黄老师:"有没有脑袋一片空白的情况?"

小孙:"很少,有时有,很恐怖。"

黄老师:"按你前两次的考试成绩,如果不是报清华大学,而是报其他大学,如浙江大学、上海交通大学、复旦大学等大学的话,是不是稳稳当当地被录取了?"

小孙:"那肯定的,我的高中同学将是三年级的大学生啦。真是无脸见人。"

黄老师:"你是不是很想读清华大学呢?"

小孙:"这是我毕生梦想。"

黄老师:"如果你这次再考清华大学,考得上最好,万一还是考不上呢?"

小孙:"那我非疯即癫,会死的。"

黄老师:"我建议你这次先考上其他重点大学再说。怎么样?"

小孙:"那我的清华梦呢?"

黄老师:"大学毕业,通过四年拼搏,再考清华大学的硕士研究生,可能性是很大的。"

小孙:"有这样的例子吗?"

黄老师:"有不少的,因为考研究生与考大学是有些不一样的。"

小孙:"那好吧,我今年会试着调整我的目标。"

2. 临摹效应

临摹效应的关键是:当事人没有目标,不知所措,缺乏斗志;通过心理援助,确立起学习榜样,激励拼搏,奋发图强。能否确立起学习榜样的关键是,学习榜样与当事人有相当类似的挫折经历,并最终发展为成功案例。

小强在初中升学考时,数学只考了 49 分。母亲对其十分失望,指责了小强数天,认为他长大后,只能要么去扫马路,要么去捡垃圾。小强十分伤心,两天来一直闷闷不乐。

小强:"黄老师,我真的会没有出息吗?"

黄老师:"未来的事情,关键是看你自己有没有目标?"

小强:"什么是目标?"

黄老师:"比方说,陈景润是个举世闻名的大数学家,你肯定知道吧?"

小强:"听老师说起过的,知道他是大数学家。"

黄老师:"说起来也怪,你跟陈景润有点相似的。"

小强:"啊? 我?"

黄老师:"陈景润考初中时数学只考了 46 分。"

黄老师把一张报纸递给小强看,报纸上确实是这样写的。报上还详细地叙述了陈景润从此刻苦学习,成为一代数学大师的经历。

小强:"那怎么可能呢?"

黄老师:"是不是有点相似啊?"

小强:"那我也要像陈景润那样刻苦学习,最好也成为数学大师。"

3. 重振旗鼓

重振旗鼓的关键是:当事人实际上有足够的能力实现目标,只是由于某种意想不到的因素导致失败。通过心理援助,分析失败的因素,提出克服的方法,让失败者重新鼓起勇气,努力实现既定目标。能否坚定当事人的信心,取决于当事人再次去努力实施时,不会再产生原先意想不到的失败因素。

高考生小舒:"我真是后悔莫及,那天为什么要乘公交车呢? 公交车堵车,关我什么事? 为什么不让我参加高考呢? 为什么迟到那么一点时间,就不让我考呢?"

黄老师:"你是否准备得很充分呢?"

小舒:"几次预考,我都是年级前十名,我这次是志在必得。怎么会这样晦气呢?"

黄老师:"重振旗鼓的'旗鼓'是什么意思?"

小舒:"摇旗擂鼓是古代进军的号令。"

黄老师:"明年去考试的时候,最好是在考场附近宾馆里安排住宿和学习,即使走路几分钟也能到达,就不会迟到了。"

小舒:"好的,到时候去看下,或者找个亲戚朋友家,确保不会再迟到。"

4. 退守效应

退守效应的关键是:当事人目标可行,但在实现过程中,缺少某个必要的条件。通过心理援助,为了让当事人弥补所缺的必要条件,暂时放弃目标,在条件成熟时,再全力以赴实现既定目标。能否愿意暂时放弃目标呢,关键需要有一个当事人心中的权威人士提出计划方案。

小吴在高考前发生自行车相撞事故,右臂臂骨骨裂,手指不能动,不得不住院治疗。由于高考在即,他表现出焦虑急躁,严重失眠,治疗时与医生经常不配合。

小吴:"黄老师,我那么多年的学习不是白费了吗? 我该怎么办? 天哪! 我要撞墙啦!"

黄老师:"医生,他的伤要治疗多少时间?"

医生:"带石膏至少要三个月,真正恢复大约需要半年到一年时间。"

黄老师:"小吴,高考不比学校的考试,学校的考试可以通过另外形式考试,但高考呢?"

小吴:"高考当然是不行的。"

黄老师:"那你能不能用左手写字参加这次高考吗?"

小吴:"那写得太慢了,肯定考不好的。"

黄老师:"那你能否在伤好后,等下一次再参加高考呢? 在这阶段,你还可以进一步复习各门功课。"

小吴:"听您这么分析,只能是这样了。"

黄老师:"那就听医生的话,稳定情绪,积极配合治疗,争取早日康复。"

小吴:"好的。"

5. 亡羊补牢效应

亡羊补牢效应的关键是：当事人目标可行，但在实现过程中，由于实现目标的方法上存在缺陷而导致失败。通过接受心理援助，弥补缺陷，完善条件，创造条件，努力后可实现既定目标。

　　杨经理："唉，这次完了。两吨茶叶全完了，全被雨水泡烂了。损失一百多万哪！"

　　黄老师："怎么会这么严重呢？"

　　杨经理："没有发现雨布上有好多小洞，结果在三百公里的路程上，一路有雨，水漏进，全车都湿透了。"

　　黄老师："你一年要运几趟啊？"

　　杨经理："要十多趟，唉！不想做了，我现在一天到晚整个人昏沉沉的。"

　　黄老师："胜败乃兵家常事，只要把雨布换新的，不就可以了？哪有赚得完的钱？"

　　杨经理："对！亡羊补牢，不为迟！"

二、结果再释机制

1. 淡化效应

淡化效应的关键是：当事人遇到挫折，就认为天底下只有他一人有这样的不幸，别人都很幸运，于是悲痛万分。通过心理援助，让当事人了解到与他类似的挫折是很多人都遇到过的，这往往是成功的必经之路。鼓励当事人振奋精神，走向成功。

　　大学男生小钟："黄老师，我感到非常郁闷！"

　　黄老师："先坐下来，不要激动，慢慢说。你遇到了什么事？"

　　小钟："我失恋了。"

　　黄老师："这几天毕业生纷纷离校，我几乎都为他们失恋的事情在忙。"

　　小钟："有多少人？"

　　黄老师："具体数字要统计才知道的。你去查查有关调研文章就知道了。"

　　小钟："看来有很多人在这个时候失恋？"

　　黄老师："恋爱一定要尊重对方的意向,强扭的瓜不甜的。"

　　小钟："这几天你咨询了好多像我这样的失意人啊? 他们是不是都是男的,都是被女朋友抛弃啊?"

　　黄老师："有男生,也有女生。痛苦程度也是不一样的。"

　　小钟："我还以为天底下只有我钟某那么不幸。"

　　黄老师："失恋几乎是每个人成家立业过程中都会遇到的事情。恋爱中,冷静理智是很重要的。"

　　小钟："经老师指点,我现在好像不那么痛苦啦。"

　　黄老师："你再找她好好谈谈吧。"

　　小钟："好的。"

2. 客观化效应

客观化效应的关键是:当事人认为事情失败的原因全在于自己,过于自责而痛苦。通过心理援助,让当事人认识到失败的原因是客观的,从而减轻自责。

　　邻居老方："唉,我真是猪脑,昨天,我手上的股票明明赚了两千元,却没卖! 今天亏了五百元了。真是猪脑! 每次都是这样,该卖不卖,等到亏了又痛心。唉!"

　　黄老师："炒股票不是自己的意志所能完全把握的。政策、消息、国际形势、所在企业自身的因素等等,都会影响股票的涨跌的。"

　　老方："这么说,要多看多学了。"

　　黄老师："如果客观的因素了解多一点,再加上你的明智判断,会赚钱的。"

　　老方："真是学无止境哪!"

3. 合理化效应

合理化的关键是:当事人面对失败的结果,不知原因,胡思乱想。心理援助者可以通过找出当事人导致失败的因素,让其认识到自己的失败是一个合理的结果,从而恢复积极的心态。

　　大一男生小郭："羞死了,真是无脸见江东父老了!"

　　黄老师："什么事,那么急呢?"

　　小郭："我这次制图考试只得了 30 分! 年级倒数第一。我真是恨不得地上挖个洞钻进去!"

黄老师:"你们用的是什么教材?"

小郭:"是这本。"

黄老师:"老师教到第几页了?"

小郭:"好像是60页了,但是我一页都没有看。"

黄老师:"题目会做吗?"

小郭:"没做过几道。"

黄老师:"这本书像是新书,你这次考试是在你没看书的情况下,得到30分,说明你很聪明。换句话说,你这次能得到30分,是你没好好看书的合理结果。你说是不是?"

小郭:"没错,那怎么办?"

黄老师:"认真看书,先把书看厚,再把书看薄。"

小郭:"这个道理我是懂的。"

黄老师:"懂就好,行动了就更好。"

4. 趋利效应

趋利效应的关键是:当事人面对失败,却坚持目标不放,念念不忘实现目标将带来的好处,于是痛苦不堪。通过心理援助,肯定其目标的好处,从而肯定当事人的选择;然后转而让当事人自身看到目标的不利之处,再引导当事人放弃目标,减少痛苦。

小耿:"我的女朋友坚决不肯与我和好。真是令人绝望。"

黄老师:"据我所知,你的女朋友是位好姑娘。"

小耿:"如果不好,我也不会这样想念她。"

黄老师:"优点多吗?"

小耿:"思维很敏捷,处事很果断,待人也不错。"

黄老师:"这样的姑娘,真是千里挑一。哪个娶了她,算是有福气。"

小耿:"那倒不是那么优秀她也有缺点。"

黄老师:"有哪些缺点呢?"

小耿:"太任性了,很固执的。"

黄老师:"如果是这样的话,当朋友是比较好的,你自己的个性也是比较要强的,如果她当了你妻子,以后你们两人可能会争执较多。"

小耿："那倒是。"

黄老师："她真的不肯回心转意?"

小耿："是的。"

黄老师："分手也好,长痛不如短痛。我认为找一个个性随和一点的比较适合你。"

小耿："您说得有道理,我会再认真想想。"

5. 无睹效应

无睹效应的关键是:当事人遇到不可挽回的失败,痛苦绝望。通过心理援助,找出令当事人痛苦的所在,用一个词描述;再找出与这个词的反义词,用这个反义词造句,与当事人对话,从而减少其痛苦。

好友小王的奶奶九十高龄病逝,他十分伤心。

小王："黄老师,我奶奶虽然高寿而终,但我仍然很伤心,每天晚上想起她活着时候的事情就泪流不止。"

黄老师："小王,你奶奶我见过几次,她是个值得尊敬的人。"

小王："是啊! 我这么多的善良的理念,都是奶奶教我的。她是我生命中的第一位老师。"

黄老师："你奶奶不仅教了你那么多知识,也教给你的朋友们很多的人生哲理。这些理念会让我们终身受用的。"

小王："黄老师,您这么说,我感到很宽慰,谢谢!"

总而言之,挫折会导致内心纠结。纠结解不开会引起压力过度。压力太小,注意力不够,会引起错误百出。压力过度,灵敏度不够,会引起思维堵塞。压力适中,才能充分发挥聪明才智。压力可通过情绪表达在外。情绪是心理的 DNA。情绪表现在脸部表情和肢体动作中。情绪是放大镜,放大的倍数无限制,一旦失控就会冲垮理智。因此,遇到挫折都要及时得到心理援助。

第二章　人才理论

何谓人才？那就是具有较高的专业知识技能、较高的创造性劳动能力、较高的道德修养水平的人。

每一个人都有自己的职业个性，两个人合作是 1＋1＞2 还是 1＋1＜2？这就要看两个人之间的匹配度问题。

从理论上分析，人才可以分为六大类典型人才，具有稳定的优缺点。其实，在现实生活中典型人才是很少的，基本上是复合型人才，即某几类典型人才的特征复合在某一个人身上。但典型人才的理论为我们分析现实生活中的人才提供了依据。

本章着重探讨四个问题：人才与能力有怎样的关系？何谓职业个性？如何分析人与人之间的匹配度？如何把握六大类典型人才的特征？

第一节　人才与能力

一个人能否成为人才取决于其掌握知识技能、运用知识技能的能力。

一、影响成才的因素

1. 素质是成才的自然前提

人的神经系统以及感觉器官、运动器官的生理结构和功能特点，特别是脑的微观结构的特点，与能力的形成和发展有密切关系。素质的缺陷（如脑的发育不健全）会造成能力发展的障碍。一个人尽管具有某方面的素质，但是如果不接受有关方面的教育和训练，不从事有关方面的实践活动,那么相应的能力是不会得到发展的。相反,素质上虽然有某些缺陷的人,经过教育或实践锻炼,却可以得到补偿而使能力得以发展。

总体来说,人类的智力是符合正态分布的,平均智商大约是 100,得分靠近这个数字的人数最多,而得分与 100 的差距越大,则人数越少。美国心理学家 D. 韦克斯勒对智力分布的研究表明,占全体 82％以上的人属于智力中等,智力极优和智力极低的人都是极少数。超常儿童和低常儿童在全部儿童中所占的比例大约都在千分之三左右。超常儿童的智力发展远远超过一般同龄儿童的水平。低常儿童的智力远远落后于一般儿童。智力低常,多数是由于大脑功能发育不全或神经系统发生病变所造成的。

有些能力主要由先天因素决定,往往在年龄较小的时期就有明显的表现,这就是人们常说的"早慧"现象。但一些需要靠知识或经验的积累才能形成的能力,则往往在年龄较大时才出现明显的差别。

需要、动机、理想,推动着人们去从事某种活动,从而促使能力的形成和发展。性格上的主动、勇敢、勤奋、坚强、刚毅等品质,使人坚持不懈、刻苦顽强地进行学习、劳动和从事各种实践活动,也促进能力的形成和发展。

2. 道德修养是影响成才的重要条件

随着教育事业的发展,越来越多的人具有专业技能,越来越多的人具有创造性劳动能力。因此,德才兼备人才就是人们最期待的人才。正所谓"德胜才是君子,才胜德是小人"。

3. 环境对成才的影响,称之为机遇

如姜子牙"闲居渭水垂竿钓,八十才逢明圣主",而甘罗十二岁为丞相,均与机遇迟早有关。

姜子牙,商朝末年人,杰出的韬略家、军事家与政治家。姜子牙年轻的时候干过宰牛卖肉的屠夫活,也开过酒店卖过酒,聊补无米之炊。姜子牙 80 岁遇到周文王,成为最高军事统帅与西周的开国元勋,被尊为"百家宗师"。

甘罗是战国时楚国下蔡(今安徽凤台)人,著名的少年政治家。甘罗小小年纪就投奔到秦相吕不韦的门下,做他的才客。甘罗深得吕不韦的器重,屡屡立功。秦王遂封 12 岁的甘罗为上卿。上卿的官阶和丞相差不多,因此又传成"甘罗十二岁为丞相"。

二、能力的分类

能力有不同的分类方法。

1. 能力可划分为普通能力和特殊能力两类

凡是为大多数活动所共同需要的能力,称之为普通能力,也称为智力。凡是为某项专门活动所必需的能力,称之为特殊能力。人可以有多种能力,但其中有一两种是占优势的。在同一类能力中,还包含有多种成分。各成分所占的地位也不同,如数学能力包含有运算能力、逻辑推理能力和空间想象能力等。有的人可能运算能力占优势,有的人可能逻辑推理能力或空间想象力占优势。

2. 能力可划分为再造性能力和创造性能力

能遵循现成的模式和程序去掌握和运用知识技能,善于模仿和复制,这样的能力属于再造性能力。

能独立地以新的模式和程序去掌握和运用知识技能,善于发现新原理,形成新技能,发明新方法,获得新成果,这样的能力属于创造性能力。

在创造性思维方面,有两种思维形式,即会聚性思维和发散性思维。会聚性思维是指针对只有一个答案的问题,综合利用所有的知识经验以达到这个正确答案;发散性思维是指从不同的角度考虑一个问题的答案,以这个问题为中心,思路向多方面发散,找出最佳答案,这种思维往往产生新颖的独创的成果。

三、能力的测量

能力的测量是为了确定能力的广度和发展水平。测量可分为两大类:智力测量(普通能力测量)和特殊能力测量。

1. 智力测量

最早的智力测验是 1905 年法国心理学家 A. 比奈和 T. 西蒙制订的比奈—西蒙智力量表。后来美国的 L. M. 特曼加以修订,称为"斯坦福—比奈智力量表"。美国 D. 韦克斯勒又先后编制了成人智力量表、学前和学龄初期儿童智力量表。此外,还有许多其他智力测验。

　　智力测验有各种类型,诸如个人智力测验、团体智力测验、特殊人口(如婴幼儿、智力落后者、言语障碍者和身体残废者等)用的测验以及学习能力测验等。

　　目前国际上常用的个人智力测验主要有两种:斯坦福－比奈智力量表和韦克斯勒智力量表。这两种测验在中国都有修订本,被公认为是有效的智力测量工具。

　　团体智力测验的内容包括文字推理、数字演运、普遍常识以及非文字推理等项目。

　　特殊智力测验是为了适应特殊人口的需要而制定的,例如婴儿、学前儿童、弱智和文盲的智力测验。

　　学习能力测验或学业能力测验比普通智力测验的范围窄,它们只测量那些影响学业成功的基本能力。

　　创造力测验也称之为发散性思维测验。

　　2. 特殊能力测量

　　对那些特殊和专门能力的测量,称为特殊能力倾向测验。

　　这种测验并不是测量一个人经过训练后所具有的技能,而是为了估计一个人是否具有经培训能胜任某种工作的能力。

　　特殊能力倾向测验通常作为职业选择和咨询的辅助工具。如西肖尔音乐才能测量、梅耶艺术判断测验。区分能力倾向测验是一种多种能力倾向测验。

　　特殊能力的定性分析和测量,可以为教育、医疗、职业指导以及人员选拔提供依据,具有实践意义。

第二节　职业个性及其匹配度

　　发现人才,主要通过分析人才的职业个性。用好人才,则要分析人才的匹配度。

　　张三、李四分开来看,职业个性没有好坏之分,但两者在一起工作,就有匹配度的问题。如果匹配,两个人合得来,执行力提高;反之,就会经常出现摩擦,执行力就削弱。

一、何谓职业个性

职业个性是指一个人在职业生活中的态度与行为倾向。决定职业个性的因素有主观因素和客观因素两个方面。

主观因素指的是个人的心理素质、职业道德素质、人生观、价值观、世界观、行为能力等因素。

如果一个人心理健康,那么,这个人对事物的认知就会比较正确,对事物的感受会体现出恰当的情感,对事物的追求会有更大的积极性。反之,如果一个人有心理障碍,那么,这个人就很容易看错事物的本质,情感表达就会不恰当,从而对工作带来消极影响。

如果一个人具有良好的职业道德,那么,这个人就会体现出"爱岗敬业、办事公道、诚实守信、服务群众、奉献社会"等良好职业个性。反之,就会体现出"敷衍了事、损公肥私、坑蒙拐骗"等不良职业个性。

人生观、价值观和世界观,称为"三观",这是人生发展的指路明灯,是推动人生发展的动力。因此,"三观"是影响职业个性的重要因素。

客观因素是指与职业的外部环境条件有关的因素,如经营目标、工作条件、工作要求、工作机会、群体凝聚力、团体士气、激励措施特点等等。在许多情况下,职业的选择不是全凭主观意志所决定的,因此,人们都应逐步学会适应社会需要而调整自己的主观因素。

二、霍兰职业个性理论

美国心理学家约翰·霍兰(John Holland)经过多年研究,提出了职业个性理论,也称职业行为的个性理论。他认为,职业个性可分为六种基本类型:社会型、常规型、创新型、现实型、研究型、艺术型。

(1)社会型职业个性。其个性特征表现为:富有合作精神,乐于助人,友好善良,爱好人际交往。其思维特征是感觉情感型,即富有情感,善解人意。对于与人有关的事件、公关、教育等表示出兴趣。因此,他们适宜于从事临床心理、咨询、教师、管理等工作。

(2)现实型职业个性。其特征表现为:真诚坦率,讲究实利,对工作目标具有较好的坚持性,善于实践,情绪稳定,理解力强。其思维特征是感觉思维型,即对于现实的事物具有良好的认知能力。这类人善于动手,喜欢手工的、机械的、农业的、电子的、技术性的工作,对仪器感兴趣。因此,现实型职业个性者,适宜于从事技术性工作,如飞行员、司机、技术员等等。

（3）常规型职业个性。其个性特征表现为:谨慎、稳定、服从,遵守程序,自我控制力强。其思维特征是感觉思维型,即对现实工作能把握得较好,完成任务能力强。对于办公室工作、技术工作、营业性工作有较大兴趣。因此,他们适宜于从事内务管理、出纳、统计等纪律性强、时间性强的工作。

（4）创新型职业个性。其个性特征表现为:喜欢冒险,乐于组织大型活动,自信,善交际。其思维特征是直觉思维型,即想象力强,具有控制力,对领导行为、人际交往感兴趣。因此,他们适宜于从事政治、管理、采购、推销等创造性强的工作。

（5）研究型职业个性。其个性特征表现为:有较明显的分析能力、批判倾向,好奇心强,行为理智,性格常常较内向,善于对事物进行推理。其思维特征是直觉思维型,即容易很快地对事物形成意象,抽象思维能力较强。对自然科学、社会科学尤其是数学表现出较大的兴趣。这些人适宜于从事调查研究,有利于从事理论研究工作。

（6）艺术型职业个性。其个性特征表现为:感情丰富,想象力强,易冲动,主观性强,直觉敏感。其思维特征是直觉情感型,即其直觉形成的意象带有很大的情感色彩,表现为既是来自现实生活,又是来自于自身的创造。其兴趣多体现在语言、艺术、音乐、戏剧、书法上。艺术型职业个性者适宜于从事文学、音乐、绘画、导演等艺术类工作。

霍兰认为,职业个性是选择职业的预测器。对于求职者来说,自己要尽可能根据职业个性来选择职业,以免今后频频"跳槽"。有统计表明,美国大学毕业生五年内至少有50%的人"跳槽"。这说明,这些大学生开始工作时都没有选择符合职业个性的工作。

三、职业个性发展理论

所谓职业个性的发展,是指员工在不同的人生时期,对工作有不同的心理需求、不同的价值观、不同的工作方式等发展过程。换而言之，一个人的职业个性处于不断变化之中。

　　一个人的职业生涯大约有 45 年时间。这 45 年职业时间可分为三个时期：早期职业生涯、中期职业生涯、晚期职业生涯。这三个时期的职业个性是不同的。如图 2-1 所示。

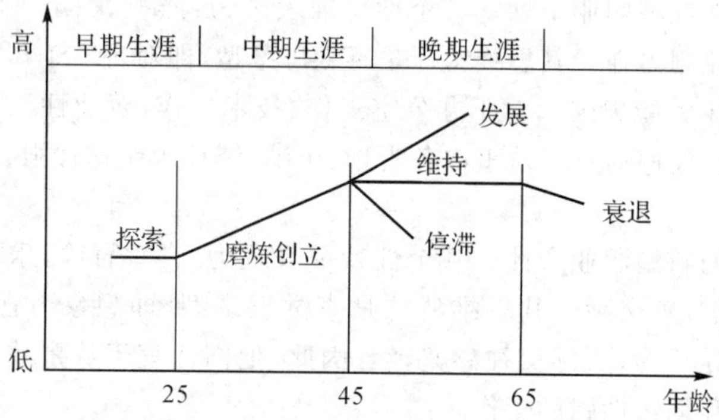

图 2-1　职业生涯阶段模型

　　早期职业生涯是指参加工作后的 5～10 年的时期。这段时期内，员工的工作着眼点主要表现在：了解自己的职业性质，评价职业的发展前途，培养对工作的兴趣，建立与上司和同事的人际关系，为完成工作任务而准备各种能力，考虑是否"跳槽"等等。

　　中期职业生涯是指参加工作后 10～25 年的大约 15 年工作时间。这是一个职业生涯中的飞跃时期，如技术不断熟练，能力不断提高，成果不断形成，职位不断提升等等。这个时期也是人的中年时期，因此，除了工作之外，还有大量家庭的、社会的事务需要做。这个时期，员工的工作着眼点主要表现在：如何开发工作领域，如何评价自己的人生价值、如何解决工作、家庭和其他事务的冲突、确立事业目标及进程等等。

　　晚期职业生涯是指参加工作后 25～45 年左右的大约 20 年工作时间。这个时期，一般说来，员工的技能达到了自己的最高境界，有的员工会继续发展成为"炉火纯青"，而有的则出现停滞现象。这段时期，员工的工作着眼点主要表现在：如何了解本行业的发展前沿和发展趋势，总结自己的经验，完成自己的成果，挑起更重要的工作担子或者减少工作压力，培养事业接班人,准备退休。

一个人从开始工作至退休,四十多年的职业生涯是一条成才之路,也是建功立业的人生时期。其中,不仅具有天赋的个性特色,又具有各个人生阶段的特点。

四、职业匹配度及其测评

1. 何谓职业匹配度

如果把职业个性形象地比喻成几何图形,那么,三角形与三角形、半圆形与半圆形就更为匹配,三角形与半圆形就比较难匹配。

职业匹配度是指两个人成为工作搭档时,工作协作的默契程度、对工作效率的影响程度。

如果 $1+1>2$,表明这两个人的职业个性很匹配,工作很默契,工作效率很高;反之,如果是 $1+1<2$,则表明这两个人在一起工作,职业个性不匹配,摩擦太多,严重影响工作效率。

2. 匹配度的测评

本书介绍的是作者十多年来研究的方法——笔迹心理匹配度分析法。

器材:15 幅书法作品,A4 纸数张,秒表 1 只,笔 1 支,心理分析表格数张。

指导语:请被测试者在每一幅书法中,选出最喜欢的一个字,然后写在这张 A4 纸上。

测试方法:第一步,主试记录被试每选一个字的时间,从开始选到写好为止。第二步,描绘心理分析表。第三步,匹配度分析。

测试要求:测试过程中,主试对每一个被试单独进行测试。另外的被试要暂时回避。

笔迹心理匹配度分析法的详细内容将在专著中说明,下面介绍一个实例。

[测试范围]　A. 个体心理分析:学生心理分析、员工心理分析。

B. 心理匹配度分析:夫妻心理匹配度分析、家庭成员心理匹配度分析、同事心理匹配度分析。

[测试工具]《黄步琪行书唐诗五十首》、A4 空白纸、秒表、水笔。

[引导语]　在每一幅作品中,按照你自己的想法,挑出一个你最喜欢的字。并写在 A4 纸上。

[测试步骤]　第一步:引导被试在字帖中挑字,记下每个字的挑选时间。共选 15 个字。

第二步:在统计表上,纵坐标代表选字时间,横坐标代表字序。按照被试选字的时间,作出这 15 个字的"选字时间曲线"。

第三步:分析个体的笔迹心理。从个体的选字时间、所写字的心理特征、所写字的章法特征、所选字的心理特征、所选字在作品中的位置等五个方面分析个体的心理特征。

第四步:分析心理匹配度。从几个分析对象的个体心理特征,分析匹配度。

例 1,如右图,在测试过程中,被测者烦躁不安,选字时间没有明显的停顿、所写的字支离破碎、所写的字杂乱无章、所选字的心理特征多简易、所选字在作品中的位置多在中央部位。现实中,被测试者是一个具有躁狂心理的大学生。

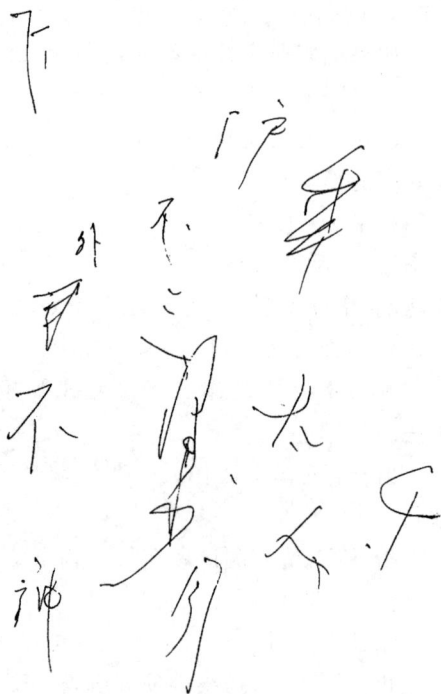

例 2,下页左上图是丈夫(总经理)的选字结果,右上图是妻子(董事长)的选字结果,以及夫妻二人的选字时间曲线综合图。

通过笔迹心理分析可见,丈夫的心理特征是:处事周密,谨慎行事,分析型决策心理,逻辑思维强,规章制度意识强,易固执己见。妻子的心理特征是:处事果断,胆大行事,行为型决策心理,情绪波动大,创新意识强,易任性猜疑。两人工作上互补性好,对外一致性强,但夫妻感情易冷漠。建议丈夫提高夫妻交往的主动性,建议妻子提高夫妻交往的兼容性。

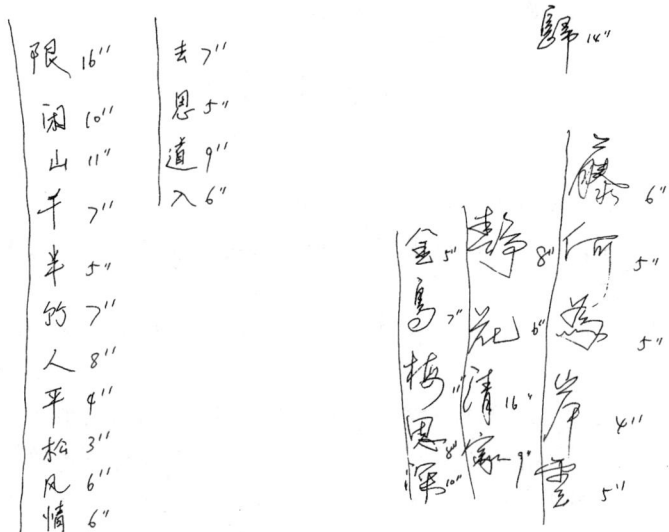

丈夫选字结果

妻子选字结果

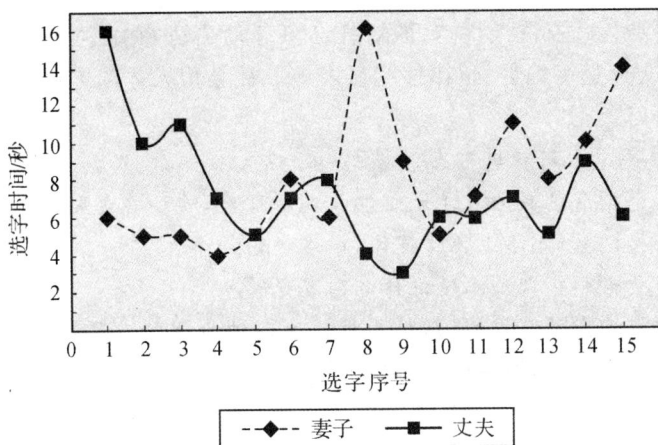

夫妻选字时间曲线综合图

第三节　六大类典型人才

人才可分为典型人才和复合型人才。

典型人才是指那些优点很明显，缺点也很明显的人才。各类人才有相应的用人之道。

典型人才可分为六大类：社会型、现实型、常规型、创新型、研究型、艺术型。

复合型人才是结合了某两类或几类典型人才的特点，形成了个性特征，正所谓"天下没有两张相同的树叶"。复合型人才特点的探讨留给管理者在用人的实践中摸索。下面着重探讨六大类典型人才的特点。

一、社会型人才

社会型人才有三大优点，即对社会事务很热情，有较强的预测力，信息灵通；缺点是组织性、纪律性明显较差。社会型人才通常可作为法人、组织的耳目。

1. 社会型人才对社会事务很热衷

来询者："我的儿子还是幼儿园小朋友，唉！真是哭笑不得，每次接回家，一路上喋喋不休，说这个说那个。"

黄老师："大致上是说什么内容呢？"

来询者："瞎说的，东拉西扯。什么幼儿园的老师今天穿的鞋很难看，哪位同学的父母吵架。"

黄老师："很关心别人的事情。"

来询者："是啊。听课却不够认真，怎么办？"

黄老师："老师如何评价？"

来询者："说他很聪明，就是懒，多管闲事。"

黄老师："从小就有这样的习惯，看来是社会型人才。读小学时也不会太用功的，但人很聪明，放心好了。"

来询者："社会型人才？那不是很麻烦了，读书读不进去。"

黄老师:"不要着急,这类人才是当管理者的好料。"

2. 社会型人才有较好的预测能力

到了高中以后,社会型人才就会产生较好的预测能力。

来询者:"我女儿说买房子会增值,是不是瞎说啊。我们都认为她是在随口胡说。"

黄老师:"你女儿是不是经常给你们讲她的预测?"

来询者:"是啊!说她不懂她还不服气,说她懂又老是瞎扯。"

黄老师:"这是很好的预测力,预测的准确度随着社会知识和经验的提高而提高。父母亲要保护她的热情,并不断培养。"

来询者:"怎样培养呢?"

黄老师:"已经是高中生啦,政治学这门功课中,老师也会涉及这些理论知识。如果她很有兴趣的话,说明她有社会型人才的特征。这是很好的。平时回家后,作为父母多与她探讨社会的一些事情,多听她的分析。"

3. 社会型人才信息非常灵通

到了工作岗位以后,社会型人才能获得的信息量比一般人要大得多。

苏秦是典型的社会型人才。

苏秦,字季子,东周(公元前 317 年)洛阳人,战国时期与张仪齐名的纵横家,热衷于游说各国,对各国君王的行为预测准确,及时掌握各国的信息。

他出身农家,素有大志,曾随鬼谷子学习纵横捭阖之术多年。

苏秦入燕,深受燕昭王信任。苏秦说服燕昭王不要与齐国对抗,而是要联齐抗秦。之后,苏秦又说服赵国联合韩、魏、齐、楚、燕攻打秦。

接下来,苏秦四处游说。到韩国,说服韩宣王;到魏国,说服魏襄王;到齐国,说服齐宣王;到楚国,说服楚威王。

诸侯都赞同苏秦的计划,于是六国达成联合盟约,苏秦为纵约长,并任六国相。

秦知道这个消息后大吃一惊。此后十五年,秦兵不敢图谋向函谷关内进军。

4. 社会型人才的缺点是组织性、纪律性相对较差

社会型人才关注点多,做事情的时间观念与一般人不一样,很想把一件事完成后,再做另一件事。因此,经常出现开会迟到、约会迟到等不足,故通常被认为组织性、纪律性差。

5. 社会型人才是法人和组织的"耳目"

一个自然人是通过自己的耳朵、眼睛获取信息的。那么法人和组织最好是通过哪些人才来获取信息呢?那就是社会型人才。

计划经济中,企业行为主要是组织生产,完成计划。因此,社会型人才的优点往往不能很好地发挥。而在市场经济中,企业如果能获取有用的信息,就很可能会有新的发展契机,因此,市场经济也被企业家称为信息社会。在信息社会中,社会型人才供不应求。使用时,要给他一个职务,让他印在名片上,有利于他开展交往。工作上要求他定期或不定期地汇报他所获取的信息。

小赵:"老师,我快要大学毕业了,您帮我分析一下,我干什么工作较好?哪些工作不适合我做?"

经分析,小赵是社会型人才。

黄老师:"你是社会型人才。建议你秘书工作不要承担,公章不要管在你的手上,否则,领导要盖公章时,经常发现你不在办公室,就麻烦了。"

小赵:"那其他工作呢?"

黄老师:"其他工作都可以。"

小赵:"那我几年能发达呢?"

黄老师:"事在人为嘛。充分发挥你作为社会型人才的优点就是了。凭你的能力,你可能获得的信息量比别人多得多。获取信息后,分清真假,去假存真,分析预测,及时将预测的结果汇报给最高决策者,不出两年,领导就会器重你。"

那年春天,小赵获取一个信息:邓小平同志到深圳作了一次重要讲话,指明中国要大改革、大开放。小赵作了一番预测,得出一个结论:百业待兴,办厂最需要的就是土地,那开发区的土地肯定是供不应求,以后价格还不要猛涨?第二天,他建议总经

理买开发区的土地。总经理认为,开发区已经开了五年,至今没有人买,风险很大,如果资金链一断,就会出现危机,故此建议不予采纳。小赵再三劝说,总经理同意先买五十亩。邓小平同志南方讲话正式发表后,当地的开发区土地一路狂飙,价格涨了三倍。公司的地产项目获得巨大成功,总经理认为小赵确实有眼光,便果断地把小赵连升四级,当自己的助理。

二、现实型人才

现实型人才的优点是:利弊关系非常敏感,实事求是,不唯上、不唯书、只唯实。缺点是斤斤计较,甚至是自私自利。但现实型人才是法人的"大脑"所在。

1. 现实型人才的利弊关系非常敏感

如果你身边有一个属这类人才的朋友,你会觉得这个人是不错的,但也会觉得这个朋友是有点麻烦的,为什么呢?因为这个朋友总喜欢揩你的油,喜欢占便宜。其实这类人才不是故意来揩油的,而是他们就有这样的特征——利弊关系非常敏感。

2. 现实型人才比较实事求是,不唯上、不唯书、只唯实

毛泽东同志非常喜欢这类人才,呼吁领导干部以"实事求是"作为工作作风。陈云同志在延安期间当组织部部长的时候,就大力呼吁各级领导要重用那些"不唯上,不唯书,只唯实"的人才。

3. 现实型人才的缺点是斤斤计较、自私自利

很多领导都很恼火那些斤斤计较、自私自利、牢骚满腹的员工。但是,现实型人才恰恰有这样的缺点。

应总经理:"我有一位副总,人很聪明,只是经常发牢骚。"

黄老师:"几年了?"

应总:"跟我五年多了。他的主意往往有新意,人也有忠心,这样的人在计划经济的公家单位,肯定不被上司重用。他到我这里时已经36岁,在原单位还只是副科长。那时他很不服气,就到我这里工作了。"

黄老师:"大致是发些什么牢骚呢?"

应总:"什么吃亏啦,工资低啦,上司偏心啦,要辞职啦,等

等。如果不看在他人聪明,脑子好使,很可能我就不用他了。"

黄老师:"他出主意的水平如何?"

应总:"非常高,令人佩服。春节他回家前留下一封信,要求加工资。我说他是人心不知足。"

黄老师:"要加多少呢?"

应总:"一般的员工月工资只有七百元,给他是一万,他还要每月加五千。"

黄老师:"他的理由是什么呢?"

应总:"他认为贡献很大。最近几年,企业确实发展很快。这是大家辛苦的,包括我自己也是没日没夜地工作。企业获利颇丰,他眼红了。"

经分析,那位副总是现实型人才。

黄老师:"现实型人才是大智慧,应该重用。如果你答应他的要求,会给企业带来更大的利益的。"

应总答应了那位副总的加工资要求。那位副总加倍努力,企业继续得以迅速发展。

4. 士为知己者死

虽然现实型人才的斤斤计较会搞得上司很头痛。但是管理者如果能够慧眼识珠,很好地利用这类人才,那会有助于促进事业的发展。

春秋时期冯谖虽才华横溢,但混了五六年却混不出一官半职,因而牢骚满腹。他的好朋友就建议他投奔齐国最高的管理者孟尝君。

孟尝君手下有三千食客,分上、中、下三等。冯谖一去就被录用,大家都认为他运气好。但是冯谖却不满足于做一个下等食客,于是他一天到晚发牢骚:"没有鱼吃,没有肉吃,衣服太差,我要回去。"有人建议孟尝君辞退他。

孟尝君经过一段时间的观察,发现冯谖是个有能耐的人,于是破格提拔他为中等食客。这样的举动引起了周围很多人的羡慕和不满。可冯谖还是整天发牢骚:"大材小用,英雄无用武之地,我要回去。"这次更有许多人建议孟尝君辞退他。

孟尝君果然是个善用人者。他经过仔细考察,发现冯谖实在是个才华横溢、不可多得的人才。于是破格提拔他为上等食客，那就是紧随在孟尝君身边的二十个食客当中的一个。这次，当冯谖面见孟尝君时的第一句话就是："士为知己者死，我有才能，你对我有知遇之恩，我的命就归你了!"一个能把自己命都交给对方的人，这个时候我们说他还自私不自私呢?

古今中外大量的事实告诉我们，当现实型人才认为自己还没有被重用，就会表现出斤斤计较或是自私自利，搞得管理者很头痛。但一旦这类人才发现自己被重用了，那他斤斤计较的就是管理者的奋斗目标，可以把命都给你了。看来，不在于他是否斤斤计较，而在于管理者如何让他感到"自己已经被重用了"。

5. 法人的大脑所在

如果说社会型人才是当法人的耳目来使用，那将现实型人才当法人的大脑来使用是最好的。因此，对现实型人才要重用，让他心服口服。

三、常规型人才

1. 忠厚可嘉

常规型人才最大的特点就是忠厚可嘉。如何判断一个人是否忠厚可嘉呢? 主要是考察这个人的可靠性、保密性、服从性。如果说可以做到一言既出，驷马难追，那这个人的可靠性就很高了。如果可以做到守口如瓶，就可以和这个人探讨很深层次的问题了。如果你说一他就做到一，你说二他就做到二，那他的服从性就很高了。

2. 用其忠厚，不嫌其呆

常规型人才是人见人爱的人才，那有没有缺点呢? 当然是有的。

诸葛亮有一句名言："用其忠厚，不嫌其呆。"其意思是，如果你看中他的忠厚，重用他，那就不要让他去做随机应变的事情。

常规型人才恪守原则，恪守规章制度，恪守管理者的意志，所以他做事情往往是一板一眼的，在别人的眼里就是很呆板。"不嫌其呆"的"呆"不是笨的意思。常规型人才很聪明，却不想改变自己的形象，做事情有板有眼。

　　小李笑眯眯地走来，说："黄老师，我有事情想要咨询一下。"

　　黄老师："你的气色那么好，应该没什么烦恼事情吧?"

　　小李："哪里呀。我这辈子做错一件事情了呢。"

黄老师："啊,你这一辈子只做错了一件事情呀,我这辈子不知道做错了多少事情呢!"

小李："老公嫁错了。"

黄老师："你什么事情都好错,唯独老公不好嫁错呀。"

原来,小李的孩子马上要上幼儿园了,她打听到一家幼儿园不错,她就和丈夫说:"这两天,无论你怎么忙,务必到院长那里去疏通一下关系。"没想到她话音刚落,她的丈夫就说:"你叫我疏通? 我是不会疏通的,要去你自己去。"为了这件事情,夫妻两个人吵了整整两天,于是,小李认定自己嫁错人了。

黄老师："你人长得漂亮,没结婚的时候一定有很多追随者吧?"

小李："那当然。"

黄老师："那你最后为什么嫁给他了呢?"

小李："当时看他忠厚可靠呗。"

黄老师说："那就对了,诸葛亮有句名言,'用其忠厚,不嫌其呆'。"

小李说："看来以后疏通关系之类的事情都要靠我自己去努力了。"

3. 贴身用

如果社会型人才当耳目使用,现实型人才当大脑使用,那么常规型人才就是当左右手来使用了。

有些管理者很有优越感,为什么? 因为,他说一就是一,说二就是二,觉得自己很能干,其实是因为他身边拥有一批常规型人才。

作为管理者来说,身边务必要有一批常规型人才,把这批人作为左右手来用,也就是贴身用,这样自己的执行力就会大大提高。

四、创新型人才

创新型人才和常规型人才是截然不同的,这类人才的优点是勇于开拓,敢于冒险。

创新型人才精力旺盛,胆子大。尤其在处理与法律有关的事情上,他们会钻法律的空子,其他人担心他会不合法,但实际上却是不违法的,就好像打中幸运球一样。

这类人才的不足之处是举手投足之间充满着傲气,令很多管理者难以接受。

来询者:"我手下有一位业务员,真是傲气!几个上司都看不惯,年纪轻轻,说起话来,神气十足。不过是多读了几本书而已,有什么了不起的!他对什么难题都像是不屑一顾。有的大客户不知他底细,还真对他很佩服。"

黄老师:"他业务做得怎么样?"

来询者:"业务做得还不错。"

黄老师:"这是典型的创新型人才,你不要计较他的缺点,扬长避短地用他就是了。"

使用创新型人才,要尽量做到"远距离遥控"。意思就是,不要放在身边用,而是委以实职,给以明确的工作目标和完成任务的期限,让他自由发挥。

宣总经理:"黄老师,没想到刚招来的一个大学生这么自说自话!"

大学生小王八月底到宣总的公司报到,九月初在职工代表大会秘书处临时工作半个月,公司准备等大会开好以后再给他落实具体岗位。

宣总的秘书大专毕业刚一年。她按宣总的要求写了一份三千字的工作报告。宣总想:小王是名校毕业的本科生,他的水平应该比秘书要好。于是,宣总让小王修改报告。三天后,小王把修改稿交给宣总。宣总一看全文被改得面目全非,一下子就火冒三丈,"呼"地把报告给扔在地上,狠狠批评了小王一顿。

黄老师:"老总,先别生气,小王是典型的创新型人才呢!"

宣总:"什么?还是人才?"

黄老师:"你别看他这么傲气,自说自话,他有很大的优点的,那就是,勇于开拓,敢于冒险。我们国家加入WTO以后,从理论上说,全世界都是你的市场了,就看你身边有没有创新型人才。如果你的身边全是常规型人才,你会觉得很威风,一呼百应,但是自己会很累的。如果你拥有一批创新型人才,那么他们就能派上很大用场,为你的事业打出一片新天地。"

宣总:"那该怎么用呢?"

黄老师:"不要放在身边用,因为他东创新西创新,今天创新明天创新,总有惹你不顺眼的。对这类人要远距离遥控比较合适。"

宣总:"怎么远距离遥控呢?"

黄老师:"你给他一个实职,给他一个明确的工作目标,再给他一个完成任务的期限,你等着好消息就是了。"

宣总的高档奶制品销售分为北大区销售部和南大区销售部。南大区十年下来销售情况一直都非常理想,但北大区的销售就一直上不去。十年来,北大区已经换了四任总经理了,产品的市场占有率一直很低,万分之一,万分之一点二,最多做到万分之一点五。于是,宣总把小王叫到了办公室,告诉他:"小王,暂时让你到北大区负责销售工作,哪一天市场占有率上升到千分之三,哪一天正式任命你为北大区销售部总经理。"老总的算盘打得很精明,别人最多做到万分之一点五,二十倍倍上去,看你敢不敢答应。不料小王爽快地回答:"好的!"宣总心想:难道你有三头六臂?看你吃不了兜着走。

当第一个月的报表报上来的时候,宣总连声说:"不可思议!"

前四任北大区销售部总经理拥有一个共同的理念:大学生,穷学生,低消费群体。可是,小王刚刚从大学校园出来,对大学生的消费水平了如指掌。他认为,大学生用的是父母亲的钱,有的学生根本不心疼的,高消费的人多得是。小王一个月就打进三所重点大学,产品的市场占有率迅速上升。半年时间,小王达标成功,老总履行诺言,正式认命他为北大区销售部总经理。

五、研究型人才

1. 研究型人才的特征

研究型人才在专业内超人一等,但是在专业外知之甚少。所以做领导的要给以特别宽容,不要任命他为管理者,而要让他全力以赴搞研发。

龚总经理："黄老师,这几年向你们学校要了那么多的大学生,一个都没有还给你们。今年向你们要了小钱,用了一个月,唉,怎么觉得有些傻乎乎的,我想把他退回给你们。"

黄老师："怎么会傻乎乎的呢?"

龚总的公司有很多女青年还没有男朋友,听说来了个重点大学的高材生,有一个漂亮女生就捷足先登了。女生老远叫住小钱："小钱! 等一下,帮我的手表对一下时间好不好?"没想到小钱慢吞吞转过头,这个女生大吃一惊,怎么满脸傻乎乎? 小钱慢吞吞地说："好的。"然后又慢吞吞地举起手看了一下表,过了好几秒钟才告诉这个女生说："三点半。"这个女生早就跑走了。

此后,传出来的话就难听了："我们企业刚来的那个大学生小钱,还说是优秀生,傻乎乎的,连手表都不会看。"一传十,十传百,不久话就传到老总的耳朵里。

龚总发火了："我自己亲自要来的高材生,怎么被你们说得那么难听呢!"两个部门经理说："老总,我们都已经试过了,真的很傻,你亲自试试看。"

于是,吃中饭之前,龚总绕到小钱的办公室门口。只见他正在很认真地做事情。龚总在门口一句话大声地传进去："小钱,看看,几点钟?"小钱慢吞吞转过头,龚总一看真的是傻乎乎的样子! 小钱慢吞吞说："好的。"然后,慢吞吞把手举起了,数了很久,慢吞吞说："十一点一刻。"龚总心灰意冷,心想:果然是白痴一个! 于是急着要退回小钱。

黄老师："这个男生是学什么专业的呢?"

龚总："计算机专业。"

黄老师："那你明天直截了当地问他一些计算机方面的问题试试看,不要再问他钟点了,然后我们再来探讨一下。"

第二天,龚总打电话给黄老师："哪有这样的人呢? 手表不会看,电脑却精通得不得了!"

黄老师："恭喜你了。"

龚总问："怎么呢?"

黄老师："你获得了一个非常珍贵的人才。"

　　龚总:"谁?"

　　黄老师:"小钱啊!"

　　龚总:"啊,他能是人才?"

　　黄老师:"不要小看他哦,这种人才学名叫做'研究型人才',俗名叫做'活宝'。一万名大学生中只有一名'活宝',万分之一的比例,可遇不可求。今天让你遇到算你运气,你要专门找个'活宝',可能还找不到呢。"

　　龚总:"哪有这样聪明又那么笨的人呢!"

　　黄老师:"不是聪明,也不是笨,思维模式不一样。你我都是非'活宝'人才,非'活宝'人才是表层思维的,天文、地理、卡拉OK全懂,每样知识以够用为标准,够用就不再深入了,因此知识点很多,什么东西都懂,但都不是很深的。做起事情来,一半精力放在事情上,一半精力空在那边等待处理临时发生的事情。比如,你那么喜欢看书,你以为自己是全神贯注地看书?事实上,你是一半精力在看书,一半精力空在那边随时等待处理临时事情。所以,如果突然有人问你:老总,现在几点钟?你一看表马上就可以回答。"

　　龚总:"啊,真是,真是。"

　　黄老师:"'活宝'是纵向思维,知识面就那么一点点,研究的是专业里面的专业,就像打水井一样,打下去打下去,一天到晚在井底研究来研究去。突然,有人来问:某某,几点钟?他要先从井底爬上来,再去看手表,动作要比我们慢几拍的,研究中的脸部表情与平时的表情就不一样,所以看上去就是傻乎乎的。"

　　龚总:"那该怎么用他呢?"

　　黄老师:"这种人是最难最难用了,使用时要注意三个要点:第一个要点是你务必要对他特别宽容。假如你要了两个大学生,一个是'活宝',一个是非'活宝'。非'活宝'的大学生老远看到你就会很热情,你一定认为他很有礼貌很有风度,像个大学生的样子,这是非'活宝'的大学生看到你老总时的激动心情的表达。但是,'活宝'就不一样了,这类人才一天到晚在井底研究来研究去,你是谁?他是不去想的,所以当他表现得木讷无礼时你千万不要埋怨他。他的人际交往能力相对比较差。第二点,千万不要任命他当管理者,否则就是浪费资源。第三点,让他一门心思安安静静地搞研发工作,你给他营造一个宁静的氛围,有条件的话给他配备一两个助手,就是了。"

一年半以后,小钱研发出几个专利,每个专利都为公司创造了不菲的利润。

2. "活宝"不难用,关键是管理者要慧眼识珠

联通要成立了,中国电信急着提高领导层的竞争力。黄老师被邀请至某市电信局培训。

培训到第四期的时候,市电信局组织部部长说,"黄老师,经过我的干预,我手下有个不被人看好的'活宝'被我重用了。"

黄老师:"什么学历呢?"

部长说:"博士,外号叫做白痴博士。"

这个博士原本没人要,因为他看上去傻乎乎的。被优化组合后,挂在人事部一年。组织部长听说有这样一个博士后,就引起了重视,猜测这可能是个研究型人才,考察后委以重任。被安排工作后不久,这位博士果然有了不俗的研发成果。

3. 研究型人才宝贵且稀有

研究型人才是很少的,一旦被慧眼识中,就很快被抢走。

2003 年有一家省级医院在内部优化组合时,有一个肿瘤学博士没人要。这位博士看上去傻乎乎的,连院长是谁都不清楚,看到院长也不吱声的,更别说医院里别的人了,但其实他动手术的技术很好。

他失业后到处求职,整整一个月找不到工作,因为名声在外,都知道他傻乎乎的。博士只得上网求职,没想到很快就被美国著名医院以 40 倍的年薪聘请过去了。

报社以《肿瘤博士以 40 倍年薪被美国著名医院挖走》为题发表通讯报道。标题中的"挖"显然不准确,其实是被"捡"走的。

六、艺术型人才

艺术型人才凡事精益求精,却导致同事关系差。使用艺术型人才的

方法是：同类匹配，或者单独使用。

1. 精益求精

艺术型人才有一个完善的审美体系，做事力求完美，对达不到自己审美要求的东西，会不厌其烦地修改，甚至会重新做。因此，他的时间概念和一般人不一样。

那些与他们搭档的同事，如果不是艺术型人才，就会闹意见，导致同事关系紧张。

2. 同类匹配

徐总："我的家具厂，产品都是出口欧洲的。有一个技术师傅姓庞，十多年前请来的，他的技术是全厂最好的，工资也是全厂最高的。但是最近车间主任和副总经理都建议我辞退他。"

庞师傅是十年前第一批请过来的技术师傅，技术水平很高，性格耿直。他每次看到别的技术工做得不好，就会提出批评，导致经常与员工吵架，弄得车间主任和副总都很头疼。

黄老师："老总，庞师傅是艺术型人才，很难得的。绝对不能辞退。一旦被同行抢走，你们产品的竞争力会大大削弱。"

徐总："那我该怎么做呢？"

黄老师："以他的名字成立一个新车间，让员工自愿报名参加这个车间，前提是一旦参加这个车间，就要正式拜他为师。"

第四天，徐总举办了"庞师傅车间"成立大会。由于庞师傅技术好，还是有很多工人愿意到他车间学习，最后有六十个工人一个个敬茶拜师。

一年下来，"庞师傅车间"一次吵架都没有，谁敢和师父吵架呢？而且他又是车间主任。这样，不仅车间的产品做得漂亮，也带动了其他车间整体水平的上升。

3. 单独使用

使用艺术型人才时，如果其他人与其同类不匹配，最佳的方法就是"单独使用"，让他独自一人完成某项任务，避免不必要的争执。

欧阳院长："一个研究生学历的口腔科医生萧某，一年多工作下来表现很好，病人很喜欢他，却经常与全体技术工人吵翻天。"

　　通常萧医生给病人诊断后,画好图纸,交给技术工人,要求技术工人按图把牙齿做好交给他。一年多下来,萧医生和三十多个技术工人都闹翻天了,原因是萧医生很挑剔,经常要求技术工人反复修改。三十多个技术工人联手说萧医生的坏话,萧医生觉得呆不下去,想调到另外医院工作。开院务会议时形成两派意见,看在病人那么喜欢他,应该留! 可是全体技术工人都反对他,应该放!

　　欧阳院长:"我还没有最后表态,想听听你的建议,是留还是放?"

　　黄老师:"院长,只要病人喜欢,应该无条件留,至于内部关系用人用得好就可以解决了。一种是同类匹配。你在三十个技术工当中挑出一个艺术型技术工人与他匹配。另一种是单独使用,让他自己一手做到底,自己看牙齿,自己画图纸,自己做模型,自己修改。"

　　院长:"他是研究生,技术工人是中专生。他是医生,那些是技术工人。研究生毕业后愿不愿意再去读中专学技术? 医生愿不愿意去做工人的活? 我问问看。"

　　第二天,欧阳院长找到萧医生,以院长身份表态,愿意重用他,同时征求萧医生的意见,问他能否一手做到底。萧医生满口答应,愿意进修学习技术。

　　进修一年以后,萧医生再回到医院,那个牙齿做得真是漂亮,病人看到都夸奖:"哪里是牙齿? 是艺术品!"

很多中国古代的开国皇帝有两个共同特征:他本人的文武水平一般,但用人水平很高。

　　汉代的开国皇帝刘邦,小时候被村里的人称之为小混混,文武水平十分普通,可为什么后来能当上皇帝? 全凭他用人用得好。

　　刘邦当皇帝后,宴请文武百官:"众位爱卿,你们说说看,为什么文武双全的项羽当不了皇帝,而无德无能的刘邦却当上了皇帝呢?"平时皇帝不会说自己无德无能,这回显然是酒后吐真言。下面的人谁敢这么说呢? 大家都说"皇上英明"。

刘邦：“众位爱卿功不可没，有三个人我现在要重点提一下。”

第一个提的是忠厚可嘉的萧何，同村出来的，比他小几岁，从小就跟在刘邦身边，刘邦说一萧何就是一，刘邦说二萧何就是二。刘邦任命他管理官员，他忠厚可嘉，文武百官也无异心，因此，刘邦的团队凝聚力就很强。用现在的观点来分析，萧何是常规型人才，刘邦予以“贴身用”，用得恰到好处。

第二个提的是利弊关系十分敏感的张良，他是什么人才？用我们的观念来分析是现实型人才。怎么用？当团队的大脑使用。刘邦把张良当作军师来用，出谋划策，先打哪里利弊是什么，后打哪里利弊是什么，十分精明。

第三个提的是百战百胜的韩信大将军。韩信是什么人才呢？是创新型人才。韩信这个军事天才在战术上变幻莫测，百战百胜，刘邦也无需指点，听好消息就是了。

张良出主意，刘邦拍板，韩信出征，萧何管理内部，四人配合，无比完美，刘邦战胜项羽是理所当然了。

总而言之，人才常有，伯乐不常有。管理者如果能够慧眼识珠，扬长避短，那就是当今伯乐！

中篇　同心同德共创辉煌

日常工作中,管理者常面临两大挑战,一是如何与员工、客户、有关单位形成良好的人际关系;二是如何提高组织管理水平,促进工作效率,更好地实现组织目标。

每位员工都会出现"三心两意"的情况。组织、法人必须形成团队精神,那就是"同心同德"。

要做到"同心同德",要求我们每个人都拥有很好的理解力。理解力是双方的,只有双方的心态好,交往才会成功。

本篇探讨三个问题:如何将每个员工的"三心两意"上升为"同心同德"? 如何提高理解力? 如何把双方的交往心态调整为良好的心态,形成成功交往?

第三章 "三心两意"上升为"同心同德"

什么是"三心",什么是"两意"？很多人都说"同心同德"很难做到,但这是组织、法人的生命力所在。在我国进入 WTO 市场的今天,全世界都是自己的市场。无论现在组织有多大,只要做到同心同德,就会迅速发展。否则,就会减少生命力。

所以,我们说,"同心同德"不是做到或者是做不到的问题,而是要做得非常好。这就要靠管理者的努力,把所有成员的"三心两意"都上升为"同心同德"。

第一节 管理者的两大特征

管理者具有两大特征:一是拥有一批员工;二是心中有明确的管理目标。

一、管理者与员工的关系

管理者与员工的关系可以用图 3-1 表示。

上面的圈表示管理者,下面的圈表示员工,中间用一条垂直线相连,之所以用垂直线是表示上下级关系。管理者与员工之间的关系可从三方面来理解。

一个人在社会中有很多人际关系,如父母与子女的关系、夫妻关系、朋友关系、亲戚关系、同乡关系、同学关系、师生关系、同事关系等等。管理者与员工的关系是人际关系之一,这种关系仅仅存在于工作之中。从理论上看,工作之余,人们都会用其他关系来取代它。例如,在工作时,儿

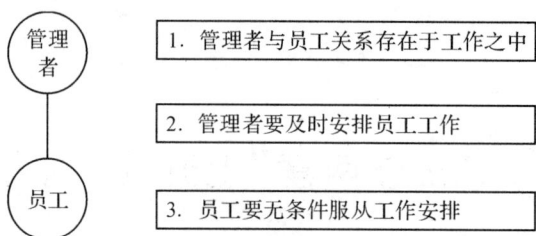

图 3-1　管理者与员工的关系

子是总经理，父亲是单位里某科室的工作人员，那么，上班期间就是管理者与员工的关系，而在工作之余，则更多的体现为父子关系。

其次，管理者在工作中，要预先安排好员工的工作。管理者的主要工作是带领员工实现管理目标，所谓带领，主要体现为安排员工的工作。

第三，员工在工作中，要无条件地服从管理者的工作安排，将此作为自己的工作任务，并努力圆满完成。

> 桑总经理高薪聘请资深的管理者陆某担任本企业的副总经理，但是，陆副总经理干了两个月不到就提出辞职。其原因是工作不顺心。
>
> 有好几次，总经理批给他一笔经费，但是，到了财务科科长那里却领不出来，不是没有钱，而是科长不同意。
>
> 照理说，科长要服从总经理，但是，由于她是总经理的夫人，因此，总经理也拿她没办法。这种情况就是"政令不通"，严重时会影响工作效率，甚至影响管理目标的实现。

管理者必有员工，如果员工在多数情况下能服从自己的工作安排，那就是一个真正的管理者；如果多数情况下大多数员工都不愿意服从自己的工作安排，那就是一个"傀儡"。

二、管理者要拥有明确的管理目标

一个优秀的管理者要时刻拥有明确的管理目标。如果每年、每月、每日都能紧紧围绕管理目标行事，那企业必然走向辉煌，管理者当然是属于优秀的管理者，这样的管理者可称得上"有眼光"。如果，以其昏昏，却欲使人昭昭，那就是一个"糊涂官"，企业破产或倒闭是不可避免的结局。

1. 眼光准不准

眼光是远一点好还是近一点好？关键看成功程度。"目光远大"者在很早之前，就成功地预测到今天的形势；"好大喜功"者容易盲目行事，错估未来情况；"无微不至"者在于能很细致地、很成功地处理好当前的事情；而"鼠目寸光"者则错在只顾眼前，不看未来。因此，管理者的眼光不在于远近，而贵在该远则远，该近则近。

一般来说，管理者的眼光要预测自己的企业在未来 15 年内，在本地区、在本国和在世界范围内的发展趋势。因此，管理者的眼光可用图 3-2 的"九宫图"表示。

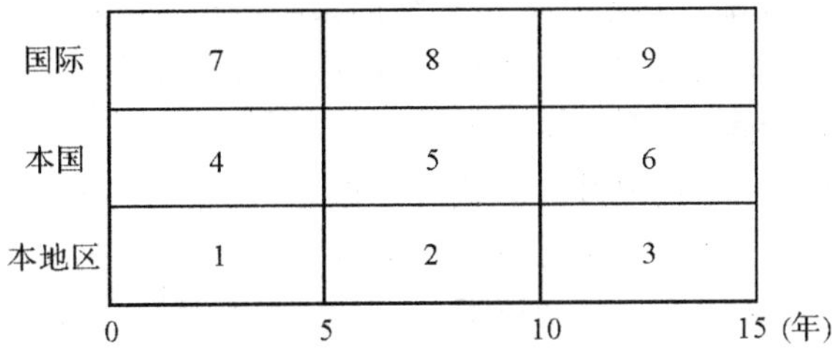

国际	7	8	9
本国	4	5	6
本地区	1	2	3

0　　　　5　　　　10　　　　15 (年)

图 3-2　管理目标九宫图

如图所示，横轴表示时间，以 5 年为一个单位。三个单位共 15 年。纵轴表示空间，从下至上，三格分别表示本地区、本国、国际。每一方格表示一个决策方案。

图中第 1、第 4、第 7 号方案，分别表示本单位在 5 年内在本地区、本国、国际上的发展规划。这三个方案也称之为操作方案。

图中第 2、第 5、第 8 号方案，分别表示本单位在 10 年内在本地区、本国、国际上的发展规划。这三个方案也称为务虚方案。

图中第 3、第 6、第 9 号方案，分别表示本单位在 15 年内在本地区、本国、国际上的发展规划。这三个方案也称为理想方案。

在制订这些方案时，操作方案着重分析当前遇到的竞争力，如危机、困境、不利因素等等，其目的是激励士气。如果把美好的内容写在操作方案中，那就必须考虑到能否在未来 3 年内真正做到，否则将会影响管理者的信誉。

而在理想方案中，则务必阐明那时将会出现的美好前景，其目的是加强凝聚力。美好的结果给人美好的、无限的想象空间，足以提高员工的凝聚力。即使现状不那么乐观，员工有了理想，也就有了前进的动力。

至于务虚方案，是承前启后的方案。

"九宫图"的意义在于，管理者通过制订 9 个方案，可以做到胸有成竹，通盘考虑，在瞬息万变的市场中见机行事。

2. 管理目标的制定

组织要实现的共同目标，称为管理目标。管理目标是一个组织存在和活动的灵魂，它影响该组织与环境以及与其他组织的相互关系；它是衡量组织活动成效的标准，提供激励组织活动的动力，为组织的结构关系和组织管理奠定基础。管理目标是多种因素影响的产物，管理目标的制定是组织环境、组织成员、组织自身之间相互作用的结果。

（1）管理目标与环境的关系。

首先，环境决定管理目标的性质。构成组织环境的社会是一个由各个要素有机联系起来的、功能高度分化的系统，组织要在环境中存在和活动，就必须适应环境特定的功能要求。环境系统决定着不同类型的组织的不同目标。

其次，组织与环境的关系状态影响目标的形成。特定组织与其他组织的关系，一般可分为合作、联合、竞争和冲突几种形式。合作和联合要求组织不能孤立地、片面地确定自己的目标，而要根据这种关系修订以至降低自己的目标；竞争和冲突则要求管理目标更明确、灵活，更适应环境的要求。

再次，环境的变化促使管理目标也随之变化。在环境要求改变的情况下，适应原有要求的目标也就失去了意义，组织如果想继续存在和发展，就必须根据环境的变化及时调整自己的目标。

（2）管理目标与成员的关系。组织是由众多个人组成的，每个人都有自己的价值观和需求，尤其是组织领导人的价值观和需求，直接影响管理目标的制定。管理目标至少要同组织成员的个人需求保持最低限度的和谐一致。管理目标的理想状态是与组织成员个人需求完全统一，管理目标完全内化为个人目标。但这种状态是很难做到的。

（3）管理目标与组织自身的关系。组织作为一个独立存在的实体，自身的利益满足、结构、生存能力、占有资源、行为方式等，都对管理目标的制定产生影响。在开放的社会系统中,组织可以根据自身的条件,选择和决定力求达到的目标和目标实现的程度与方式。

(4)管理目标是一个体系,它是由战略目标、长期目标、中期目标和短期目标组成,短期目标亦称操作目标。战略目标是组织的灵魂和活动的宗旨,它规定组织成员活动的方向,并把组织和环境联系起来。长期目标和中期目标是对战略目标的划分,规定每个时期要达到的水平。短期目标是中、长期目标的具体化,其作用在于把任务落实到承担者身上,所以也称之为操作目标。

3. 管理目标的管理

(1)管理目标管理的主要观念

管理目标管理,也称组织管理,这是运用组织的权力,通过协调组织内部人力、物力和环境,实现管理目标的活动和过程。实现管理目标的根本手段或途径是加强目标管理,提高工作效率。一般通过增加生产、提高产品质量、降低成本的形式表现出来。

管理目标管理的具体方式方法多种多样,但如果把传统的农业社会管理方式和现代工业社会管理方式加以对比,可以区分出两种基本的管理方式或管理体制,即家长制的管理方式和官僚制的管理方式。它们产生于完全不同的两种时代。前者产生于生产分工不发达、生产规模相对狭小的手工工具时代,把生产管理的一切指挥权集中于一人身上。后者产生于工业革命后的现代化大生产时代,把企业管理的权力分散于各个科层,分科执掌、分层负责。

20世纪初,企业的组织管理问题开始受到人们的关注。代表人物是F.W.泰勒,他为企业组织提出的科学管理理论。同时,一批学者着重分析组织的结构和组织管理的一般原则,研究内容主要涉及组织的目标、分工、协调、权力关系、责任、组织效率、授权、管理幅度和层次、集权和分权等。20世纪10—30年代关于组织的研究,称为传统组织理论。

30年代后,产生了以人际关系为研究重点的组织理论,后来逐步发展成为行为科学组织理论。该理论一反传统组织理论的静态研究方法,着重研究人和组织活动过程,如群体和个体行为,人和组织的关系、沟通、参与、激励、领导艺术等。美国学者G.E.梅奥等主持的霍桑实验,C.巴纳德的均衡理论,H.A.西蒙的行政决策理论,A.马斯洛的需求层次理论,D.麦克格雷戈的 X 理论、Y 理论,F.赫茨伯格的双因素理论等都是具有代表性的行为科学的组织理论。

系统管理理论是综合早期传统组织理论和行为科学组织理论的成果,并以系统观点来分析组织的一种理论。其特点在于把组织看成一个系统,从系统的互相作用和系统同环境的互相作用中考察组织的生存和发展。目的是通过研究寻求组织在这种互相作用中取得平衡的方法。美国 C.巴纳德首先用封闭系统的观点来考虑组织;T.帕森斯、F.卡斯特、J.罗森茨韦克则把组织看成一个开放系统,即组织系统除了要维持本身的平衡外,还要维持与环境的平衡。

60 年代后又出现了权变理论。这是一种反对一般管理原则,主张相机行事的理论,其代表人物有英国的 J.伍德沃德,美国的 P.劳伦斯、J.洛奇和 F.菲德勒等。

管理目标管理理论的发展过程表明了管理思想的变化和研究方法的变化,即经历了一个从注重"事"的研究到注重"人"的研究,进而发展到人与事研究并重,在方法论上则从规范研究转向实证研究。组织理论的形成和发展,是人类认识组织及其活动的规律的成果,使人们可以自觉地应用这一理论有效地管理组织,以适应人类自身的组织活动。

(2)影响管理目标实现的主要因素

影响管理目标实现的主要因素有:目标冲突和目标转换。

目标冲突,即组织内各部门目标之间的不协调,一个部门目标的充分实现可能会影响其他部门目标的有效实现。目标转换,即组织内的部门或个人忽视组织总体目标,将部门目标和个人目标或将实现总体目标的手段视为自身活动的基本目标,更多地关心自身目标的实现;目标转换的另一种形式,是组织成员将组织为实现目标而建立起来的程序和规则看成是工作的目的,使组织的活动变换成仅仅是遵守规则的活动,而不是实现目标的活动。组织要有效地实现其目标,必须对目标实行协调和管理,控制目标冲突,避免目标转换。

(3)管理目标的实施方法

管理目标的实施有两种基本的方法:指导性方法和参与式方法。

指导性方法,也称为指示性方法,是自上而下实施管理目标的过程。这种方法在管理比较简单和容易衡量的目标时,会有很高的效率。

参与式方法,是让组织内的管理者和员工、组织内的各个部门共同参与目标制定和实施的过程,使管理目标实际成为组织成员、部门和组织三者妥协或协调的产物。参与式的目标管理可以有效地减少目标冲突和目标转换现象,特别适用于管理比较复杂和困难的目标,但这种方法的实施需要组织做长期的努力。

第二节 何谓"三心两意"

一、何谓"三心"

三心就是:家庭心理、社会心理、工作心理。

1. 家庭心理

在我国的传统文化里,子女对父母要有孝顺之心,夫妻之间要做到有敬爱之心,等到自己有了子女以后,父母亲的心就是人类最高尚的心,那就是关心了。

《三国志》卷十二《魏书·司马芝传》记载:司马芝是三国时期魏国的名臣,字子华,河内温县(今河南温县西)人,曾任菅县长、河南尹、大司农。少年时是个书生,避乱荆州,于鲁阳山遇到贼寇,大家都丢下老人和小孩,逃走了。只有司马芝坐在老母旁边不离开。贼寇用刀逼着司马芝。司马芝叩头曰:"家母年迈,我的生死在于诸君的决定。"贼寇看到这种情景,说:"这是孝子,杀了他是不义之举。"于是放过了他们母子。司马芝以鹿车推载母亲,后逃到南方,居住十余年,躬耕守节。

《晏子春秋·内篇·杂下》记载:晏子当时任齐国的相,是一位卓越的外交家。齐景公(公元前 543 至前 490 年在位)的女儿希望嫁给晏子。有一天齐景公到晏子家一起饮酒,看见晏子的妻子,问晏子:"这是你妻子?"晏子说:"是的。"齐景公说:"太老了,太丑陋了。寡人有一个女儿,年轻漂亮,你想不想娶我女儿当您妻室?"晏子离开座位,很尊敬地说:"她变得这么老这么丑,是由于我娶她为妻造成的。当年,她也是年轻漂亮,我在年轻时娶她为妻,也就意味着把她的年老托付给我了。她托身于我,而我晏婴已接受。国君如果将女儿嫁给我,岂不让我背叛我妻子?"于是,齐景公也不勉强。

《郑板桥集·家书·潍县寄舍弟墨第三书》记载了郑板桥教育儿子的故事。郑板桥要求六岁的儿子做到:①对成人要称呼为某先生。年龄相仿,比自己年长的应该称某兄,不得直呼其名。②纸笔墨砚,自己家中有的,要经常分一些给同学用。③每见贫家之子,寡妇之儿,拿一点钱,买一些纸笔给他们。④遇到雨天,要留那些回不了家的同学吃饭,再送一些鞋子给他们穿。

随着市场经济的不断发展,经济全球一体化,家庭心理遇到了强大的挑战,家庭心理中,尤其是孝心,要从小培养。

某学院招进150名新生,在新生进来第四天,黄老师为新生做一个心理健康的团队辅导。

黄老师:"请各位同学回顾一下,在家里的十八年间,对父母亲是不是都很孝顺呢? 如果觉得是的,就请举手。"

坐在旁边的刘院长认为举手的人数不会超过二分之一。结果大大出乎他所料,全场一百五十名学生都把手举起来了。

院长请坐在前排的一个男生起来回答问题。

院长:"你能否讲一件你认为很孝顺的事情给我们听听呢?"

男生:"院长,我在家里孝顺的事情很多,要讲是讲不完的。"

黄老师:"院长的意思是让你讲一件,一件就可以了。"

男生:"啊,要讲一件,那我就这样讲好了,长这么大,从来没有骂过父母亲一句话。"

院长:"倒过来了,倒过来了,现在不是父母骂不骂小孩,而是要看他骂不骂父母了。"

2. 社会心理

一个国家要国泰民安,一个社区要安定团结,全靠所有的成员拥有一个完美的社会心理。我们的传统文化中有五个字非常重要:仁、义、礼、智、信。其中的"义"字涉及的主要内容是社会心理。"义"是一个国家、一个社会的凝聚力。

明代刘宗周,人称刘子。一生弘扬高尚的"义"。他明确指出:"义当生则生,义当死则死。"

因此,四大文明古国,如今只剩下中国经历了那么多的风风雨雨还屹立在世界上,这都是因为中国从上至下有股强大的凝聚力。

《汉书》卷五十八《卜式传》记载:西汉时期的卜式,是河南人。以种田牧畜为生。弟弟长大了,卜式把家产田宅财物全给了弟弟,自己带了一百只羊到山里。十多年后,羊已经发展到一千多头,还买了一些田宅。

当时,汉朝廷与匈奴打仗。卜式打算捐献一半家产给国家。汉武帝派使者问卜式:"想当官吗?"卜式说:"我从小牧羊,不会当官,也不想当。"使者问:"是否家里有冤案,要申诉?"卜式说:"我不与他人争执,有人贫困我就给一点食物,有人做错事我会给他讲道理。这里的人都和我合得来,没有什么冤案。"使者问:"如果这样的话,那你有什么愿望呢?"卜式说:"天子诛匈奴,愚以为贤者宜死节,有财者宜输之,如此而匈奴可灭也。"

几年后,匈奴单于投降,朝廷因打仗时开支太大,国库虚空,百姓贫穷,到处是难民,朝廷也没有能力给以救济或供给。卜式知道后,拿出二十万两白银给河南太守,用于救济难民。

汉武帝封卜式为中郎,后封关内侯,以让其作为百姓学习的榜样。

3. 工作心理

管理者最关心的心理,叫做工作心理,用两个字归纳,就是"效益"。效益来自于管理者有效地推动员工实现管理目标。管理者如何推动员工?关键是"激励"。

员工的积极性可以通过哪些因素激发出来呢?可以通过激励因素和保健因素。赫兹伯格通过调整,发现了5类激励因素,10类保健因素。5类激励因素是:工作富有成就感,工作成绩得到领导和同事认可;工作本身具有挑战性;工作责任感;个人发展的可能性。10类保健因素是:公司的政策;行政管理;员工与管理者之间的关系;员工与上级之间的关系;员工与下级之间的关系;工资;工作安全性;个人的生活;工作环境;地位。

美国心理学家弗鲁姆(H. Vroom)在1964年出版的《工作与激励》一

书中提出了用于期望几率模式理论。他认为当目标没有实现时,内心的需要就变成了一种期望,期望具有一种力量,能激励自身。人总是渴望满足一定的需要和达到一定的目标,这个目标反过来对于激发一个人的动机有一定的作用。激励力量的大小,即行动的内驱力,取决于两方面因素:一是个人对某项目标能实现的可能性大小的估计,即期望值,二是个人所从事的工作或所要达到的目标产生的效价。所谓效价是指达到目标对于满足个人需要的价值,而期望几率指的是一个人对某项活动导致其效价的可能性大小的判断。为此,他提出激励公式如下:

激发力量＝期望值×效价

美国新行为主义者斯金纳(B. F. Skinner)于 1938 年《有机体的行为》一书中,以及 1953 年《科学和人的行为》一书中提出了强化理论。他认为,管理者通过奖励与惩罚某种行为的强化手段,可使职工的这种行为分别得到重复与减少。并提出三种方法,即正强化法、取消正强化法、负强化法。正强化法,是指在员工表现出良好行为时给予物质或精神的奖励,使员工能因良好的行为得到报酬,从而使员工更多地重复这种良好行为。取消正强化的激励方法,即取消作用于职工某种不良行为的强化物,从而达到纠正不良行为的目的。负强化法是通过对不良行为的惩罚,使之趋利避害,纠正不良行为。

二、何谓"两意"

古人说"两意",用现在的话来说,就是两大冲突。家庭心理与工作心理的冲突、社会心理与工作心理的冲突。这两大冲突都会影响工作效益,我们必须把这两大冲突消灭在萌芽状态。

1. 家庭心理与工作心理的冲突

楼行长手下有一个营业部主任,很年轻。一天早上,他整理好办公室后,叫保安打开门。一对新婚夫妇进来存钱,新娘拎着一个钱袋,鼓鼓的,估计有五万元以上的钱。主任连忙吩咐柜台工作人员接待顾客。

可是,就在主任转过身擦了两下桌子以后,再转过头来时发现,这对新婚夫妇连包都没打开就走掉了。于是,这位主任连忙走上去。

主任："你们两位怎么刚进来就要走了呢？是否我们存在什么问题？请说出来，也好让我们改进改进。"

新郎："哪里会有什么问题，没问题。哎，她一定要到对面去存，我也没办法。"

主任："你们到哪里存，是你们的自由。我想，新娘要换个地方存，说明我们这里一定有不足之处，能不能告诉我们？"

新娘："我们这袋钱是双方父母送给我们结婚用的钱，是喜气洋洋的钱。但是你们的临柜小姐还戴着孝呢，我们这笔钱哪能让她经手啊。"

主任突然想起这个临柜小姐的外婆去世了。这个女孩子很孝顺，半个月来每天都"全副武装"——在身上，脖子上挂了粗粗白白的麻绳，工作服外面套着黑袖章，又加上一朵白花。全部信息都在告诉储户：她家里最近刚有人去世。

这个临柜小姐是不是很孝顺呢？是的，可是她把家庭心理和工作心理混在一起。

主任："那，这样好不好呢？我是上个月才结婚的，你这笔钱我亲手帮你们储蓄起来，算不算是喜上加喜呢？"

这对新婚夫妇听到主任这样说，心结一下子打开了，于是返回来存钱，总共是八万元存款。这个主任又高兴又生气，高兴的是留住了客户，生气的是临柜小姐不懂事，差一点把客户赶跑了！

业务处理完后，主任走过去想要训她几句，没想到，他一句话没有说完，对方就已经九句话顶回来了，算是"一言九顶"。

临柜小姐："主任你那么了不起，你有什么好威风的呢？没有你外婆哪有你妈妈，没有你妈妈哪有你主任……"她说了很多，最后说道："主任你的外婆总有一天也要死的。"

这下主任生气了。他外婆才六十八岁，身体也很健康，你这么说不是诅咒吗？于是两个人吵了起来。

行长知道后，马上打电话给主任："你们两个到我办公室来一下。"行长发挥自己的理论水平，各打五十大板，以为能把他们的积极性打出来，没想到此后两个人都消沉了。

楼行长:"黄老师,这样的情况该怎么解决呢?"

黄老师:"这样的问题就是家庭心理和工作心理的冲突,用古人的话来说就是,公说公有理,婆说婆有理。这个女孩子用家庭心理和主任对话,三天三夜都说不完,而且可以说得很委屈很委屈,这个主任用工作心理来对话,同样三天三夜说不完,还越说越生气,这就像两辆汽车在两条平行的马路上开车,根本没有交汇的地方,没完没了的。必须用同心来解决。"

在工作当中,十件吵架的事情,有九件事情是家庭心理和工作心理的冲突,会消耗大量的工作时间。因此,务必要做到"同心"。

2. 社会心理与工作心理的冲突

社会心理讲的是"义",工作心理讲的是"效益"。一旦两者冲突,义胜效益,后果就不堪设想。

曹操领兵八十万,一门心思要消灭刘备和孙权。部队的数量是绰绰有余,可惜北方的士兵不熟悉水性,周瑜、诸葛亮用火攻计将曹操的兵全军覆没。

曹操带着几十个人落荒而逃。逃到第一个山谷的时候,手下人都痛哭流涕。见此情景,他心想:"你们可以哭,我主帅是不能哭的。"为了振奋一下士气,曹操特意对天长笑,笑诸葛亮怎么那么没用,在这个险要部位都不知道设埋伏。刚笑到一半,赵云冲出来了,曹操第一个带头逃。

逃到了第二个山谷,曹操又大笑,结果张飞冲出来了。

逃到第三个山谷的时候,曹操刚想笑,手下的人连忙拦住:"丞相,不要再笑了,不然又要有敌兵冲出来了。"曹操依旧哈哈哈大笑,果然这时关云长冲了出来。曹操手下的人一个个都晕在地上了,心想这次是在劫难逃了。

唯独曹操不一样,这次他没有逃。看到赵云逃,看到张飞逃,为什么看到关云长不逃了呢?

古人的兵书是最高级的心理学专著,曹操对许多兵书倒背如流,他几乎就是一流的心理学专家。他对关云长的心理也了如指掌。

关云长一代枭雄,在他身上,最多的心理成分是什么? 义薄云天！工作心理有没有？有，但容易被社会心理压倒。因此，曹操心里很明白，遇到关云长，我曹操就有生路了。

正所谓，艺高人胆大。曹操不仅没有逃，反而跳下马来，朝关云长走过去，站在关云长的马前，大声说道："关将军在上，我曹某有礼了。想当年你落难，是我收留了你。你上马我就送金，你下马我就赠银，三天一小宴，七天一大宴，你还记得否？"

就这么几句话，关云长的工作心理没有了，社会心理被调动起来。这时，只听他很激动地说："我关某义薄云天，你对我的恩情永不忘记！"

曹操听到这句话心中暗暗高兴，赶紧问道："那关将军你此时此刻如何待我？"

关云长犹豫了一会儿，随后把手一挥，很爽快地说："请你走吧！"曹操就这样被放走了。

可见把握对方的心理是非常重要的，曹操在关羽的大刀底下仅仅用了几句话，就给自己开辟出了一条生路。

所以，管理者手下员工众多，就算个个都是人才，有一点一定要敲警钟，那就是在工作期间不得出现家庭心理，不得出现社会心理。

刘总筹建了一座超市，每层楼的前半层都是购物中心，每层楼的后半层则很有特色：一楼是烹调，二楼是饮食，三楼四楼是娱乐，五楼是办公室。购物、烹调、娱乐三位一体。半年来生意兴旺。可惜后来出问题了。

一楼的烹调师傅凌晨三点钟来上班。穿上工作服，打开电源，预热油。一位老乡匆匆忙忙过来，有事要他帮忙。

老乡："这么早，叫不到人帮忙，只有找你了。"

如果烹调师傅明白这是上班时间，要对工作负责，不能分心，那就好了。他会找其他朋友帮老乡的忙。可是，烹调师傅只顾"义气"，心想五分钟就回来，这里预热油要20多分钟，不会出问题的。于是，离开工作岗位，帮老乡去了。

一帮上忙，时间很快就过去了，烹调师傅再看手表时已经过了20分钟。他连忙跑回来，只见厨房里浓烟滚滚，顿时脑袋一片空白，没有报警也没有喊人，自己逃走了。超市很快就被烧成一片废墟。

六个月后，那位烹调师傅被捕，判了 16 年有期徒刑。

刘总："就算把他判重刑又能怎样呢？我的损失怎么赔偿？"

第三节　"同心同德"是法人的生命力

一、何谓"同心同德"

所谓"同心"，那就是：一走上工作岗位，一穿上工作服，无条件动用工作心理。

这句话看上去很难做，但是我们可以把一个理念引进员工心中，这句话就容易做到——"商场如战场"。一走上战场，一穿上军装，无条件动用军人心理。

邱少云埋伏在草丛中，敌人的一个燃烧弹扔到了他身旁，草丛迅速燃烧起来。他旁边就有一个水沟。这个时候，他可不可以用家庭心理来思考问题呢？二十几岁的人，家里的父母要自己去孝顺，今天我要保存生命才能尽孝心。这样做行不行？显然是不行的，因为这是战场。

周围有两百个战友埋伏在四周，这个时候他们能不能讲义气冲出来，把邱少云救出来呢？肯定也是不可以的，因为这是战场。最后战友们眼睁睁地看着邱少云在烈火中牺牲。

战场是用生命来维护"同心"这两个字的。在工作中只是要求员工不要用家庭心理和社会心理冲垮工作心理，这样的事情难不难呢？肯定不难的。

企业有多少生命力，关键是看企业同心的程度怎么样，如果能做到"同心"，那么这个企业的生命力会很旺盛，一旦出现钩心斗角的事，那这个企业的生命力就会很难维持。

"同心"做到了，"同德"也容易做了。"同心"是心态，"同德"是行为。

所谓同德，就是自觉地维护对方的利益，对方是谁呢？有三个层面。

如果一个人为了国家利益牺牲自己的生命,那一定要弘扬他的爱国主义精神。如果一个人先公后私,为了集体的利益牺牲自己的生命,那一定要发扬他的集体主义精神。如果一个人团结友爱,好人做了好事,那也要表扬他。

所以,"同心同德"用一句话来说就是:一走上工作岗位,一穿上工作服,无条件动用工作心理,维护国家、民族、社会、本组织、本单位的利益。企业文化的核心就是"同心同德"。

对管理者来说,"同心同德"是一个重要的管理目标。在实践中,这是转变员工态度的问题。

二、何谓态度

态度的结构包括三个因素:认知因素、情感因素和意动因素。态度有四种功能:认知功能、适应功能、表达评价功能和自卫功能。

态度是行为倾向,态度影响行为,行为也影响态度,两者往往是一致的。但是,有时两者也表现为不一致。

态度是可以说服的,也是可以测量的。

1918 年,美国学者 W. I. 托马斯和 F. 兹纳涅茨基研究移居美国的波兰移民对新环境的适应时提出了态度概念。他们把态度定义为个体对社会客体的价值、作用和意义的心理感受,或者说是个体对某些社会价值的意识状态。1975 年 G. 奥尔波特列举了态度的 17 种定义。他把这些定义加以比较,得出了几个共同点:(1)意识和神经系统的某种状态;(2)反应准备性;(3)组织性;(4)根据以前的经验;(5)给行为以指导性和动力性影响。结果使态度这个概念有了比较确定的内涵,使它与价值观、心向或定势区别开来。

态度与价值观有所不同。态度是比较具体的,众多的;价值观则超越具体事物而涉及行动的标准和目的。价值观可以说是对抽象目标的积极的反应倾向,如对正义、真理、自由等。态度和价值观的共同点在于:二者都有助于明确个人经验和指导行动,态度和价值观都可以维持和改变,但一般认为态度比价值观更易于改变。

态度与心向或定势有所不同。心向或定势是普通心理学的概念,而态度是社会心理学的概念。心向或定势是指在一定情境下采取一定行动的准备性、倾向性，这种准备性或倾向性是暂时的。态度则是指对一定社会客体采取一定反应的倾向性，这种倾向性是较为持久的、稳定的。心向或定势一般是无意识的，或处于低意识状态下，而态度一般是有意识的。态度并不是都处于同一的意识水平上，有些处于高意识水平上，有些处于低意识水平上。处于低意识水平的态度之间的不一致，难于被觉察。提高这种不一致的意识水平，就可能解决这种不一致。

态度是一种内部准备状态，其主要特征是评价性，即对一个对象的积极或消极的反应倾向。态度必定具有特定的态度对象，即评价指向的东西。态度是稳定的倾向，是跨越一切时间和情境的。

因此，我们可以把态度定义为：个体对人、物、事的反应倾向。态度又称为社会定势。

三、态度的形成

1. 态度的结构和功能

态度的结构包括三个因素：认知因素、情感因素和意向因素。认知因素反映出个人对态度对象的赞同不赞同、相信不相信方面；情感因素反映出个人对态度对象的喜欢不喜欢方面；意向因素反映着个人对态度对象的行动意图、行动准备状态。

态度有四种功能：认知功能、适应功能、表达评价功能和自卫功能。态度的认知功能表现为为解释世界和加工新信息提供一个现成的基础，它赋予经验以意义并引导经验和行为；适应功能表现为促使主体指向于为达到目的服务的客体，表现出态度的奖励性，人们采取社会接受的态度，才能从他人那里获得良好反应；表达评价功能表现为自我调节，使主体摆脱内部紧张，表现出自己的个性；自卫功能表现为促使个性内部冲突得到解决，往往是有利于自己的解决。

2. 态度的形成机制

态度形成机制是认知因素、情感因素和意向因素产生变化的过程。态度形成机制通常有：联想、强化、模仿和比较。不同的人在不同的条件下，会采取不同的形成机制。

联想是刺激物引起另一个带有积极或消极情感的事件的过程。通过联想，人们可以产生对该刺激物的态度，或积极或消极。例如，人们通常一看到"纳粹分子"这个词,就会联想到恐怖罪行,因为人们痛恨恐怖罪行,所以,人们对纳粹分子也持痛恨的态度。人是自动的信息加工者,他对信息产生自己的认知反应,这种认知反应左右着所采取的态度。认知反应理论很容易用来解释信息的反作用。当个人对信息产生的认知反应支持外来信息时,可预期有正的态度变化,当个人对外来信息产生的认知反应与外来信息相反时,则可能出现反作用。例如,有人发表言论,主张减少政府对低收入者的补贴。你听后感到,低收入者很难自立,需要有人帮助,政府应当给予补贴。这种消极的认知反应可能使人对这个言论持反对态度。如果你听后认为,政府负担太重了,每个人都应当自立。这种积极的认知反应可能使你赞成这个言论。

强化是增强对某种行为的态度的过程,有正强化与负强化之分。正强化是让某个行为伴随着某种愉快的体验,正强化的目的是为了增强这个行为的积极态度。反之,负强化是让某个行为伴随着某种不愉快的体验,负强化的目的是为了增强这个行为的消极态度,从而避免这个行为。例如,学生学会了不在课堂与老师对抗,是因为每次对抗都会带来不愉快的体验。

学习是观察他人态度、缩小自己与他人之间差异的过程。如果学习者对学习榜样有好感,那么,当学习者的态度与榜样的态度不一致时,就会尽力达到一致。反之,如果学习者对学习榜样没有好感时,当学习者的态度与榜样的态度一致时,学习者也会改变态度。F.海德于1958年提出平衡理论,认为人们倾向于通过平衡彼此的态度与对某事件的态度来维持其相符一致。例如,甲乙两人对某件事 M 表示态度,当甲喜欢乙,两人对 M 的态度一致;或者甲不喜欢乙,两人对 M 的态度不一致,两人之间的认知呈平衡状态。这两种情况下,双方都不改变态度。反之,当甲喜欢乙,两人对 M 的态度不一致;或者甲不喜欢乙,两人对 M 的态度是一致,两人之间的认知就是不平衡状态。出现不平衡状态时,人们倾向于把它改变为平衡状态。不平衡状态产生一种压力使人改变态度,以达到平衡状态。平衡理论提出最少用力原则,去改变态度的方向。以"甲喜欢乙,两人对 M 的态度不一致"的情况为例,此时,甲可以设想自己不喜欢乙,或者认为乙实际上不反对,或者改变乙的态度,或者改变自己的态度。事实表明,多数情况下,甲会采取改变自己的态度。

比较是重视当前诸诱因的平衡的过程。通过比较,倾向于采取能导致最好结果的态度,而拒绝采取能导致不良结果的态度。例如,某人决定买一辆自行车,是买赛车还是买一般的车? 他认为赛车相对更有乐趣,虽然赛车修理费较高,但是有个哥哥会修车,认为花钱不会太多,所以,他决定买赛车。L.费斯廷格于1957年提出失调理论,指出当一个人出现两种不同的认知或认知与行为不协调时,为了保持一致,态度将发生变化。但变化的方向取决于比较的最终结果。例如,某人知道吸烟有害于健康,却有吸烟行为,所以,他体验到认知与行为的失调,为了缓解失调,他应当戒烟。但是,通过比较,如果戒烟,体重会增加,而体重增加易发心脏病,心脏病比吸烟的副作用更有害。最后,他仍然坚持吸烟。

3. 态度的类型

根据态度结构,从认知因素来分,可把态度分为理智型和盲目型。从态度的情感因素来分,可把态度分为乐观型和悲观型。从态度的意动因素来分,可把态度分为积极型和消极型。

根据态度功能,从认知功能来分,可把态度分为正确型与错误型。从适应功能来分,可分为顺从型和逆反型。从表达评价功能来分,可把态度分为赞成型和反对型。从自卫功能来分,可把态度分为同一型和冲突型。

第四节　态度决定一切

一、态度与行为一致的原因

态度是行为倾向,态度影响行为,行为也影响态度,两者往往是一致的。但是,有时两者也表现为不一致。

(1)态度的强度:态度越是强烈和明确,态度与行为越是可能一致。R.法西奥(1982)等人的研究表明,当人们必须思考并表达他们的态度时,他们的行为便可能与态度一致,因为这有助于加强态度。人们对直接体验到的东西的态度比听到的或读到的东西的态度要强烈。过去的直接体验也能加强态度,从而导致态度与行为的一致。

(2)态度的稳定性:态度是会随时间变化的。态度测量与行为测量的时间间距越大,二者越可能不一致。所以不能根据两年前表达的态度去预测今天的行为。S.凯利等人1974年的研究表明,选举预测越是临近选举日,结果越可靠。

(3)态度越是具体,与行为的相关性越高。按照 A. R. 戴维森和 J. J. 查卡德1979年的资料,对计划生育的态度、对避孕药丸的态度,对使用避孕药丸的态度、对今后两年使用避孕药丸的态度,与行为的相关系数分别为0.083、0.323、0.525、0.572。行为与最具体的态度的相关达0.57,而与一般计划生育的相关仅为0.08。

(4)可能同时有几个态度与行为有关,起决定作用的是其中最突出的一个。旅馆老板的种族偏见使他拒绝接待少数民族成员,但如果他当时生意不佳,要赚钱的态度成为突出的,那么他就会接待,可见突出的态度往往与行为相对应。

(5)情境的压力往往使态度与行为不相符,如果情境很强,更是如此。如果一个穿戴讲究、文质彬彬的少数民族成员来住宿,老板虽有种族偏见也难以拒绝。如果法律要求对一切人开放,那么这个情境的压力就更大,更难于拒绝。

(6)M.菲什拜因和 I.埃森1975年提出的合理行动模型有助于解释态度与行为的关系。

他们认为态度决定行为的理论太简单,应明确态度什么时候决定行为。他们认为,人的行为是相当理性的。行为可从意图来推断。如果一个妇女说她打算实行避孕,那么她就可能比没有这种打算的妇女更倾向这么做。行为意图是由两个变量决定的,一是本人的态度,二是主观规范,即他认为在别人看来应当怎么做。态度与某行为的预期价值和个人对这些价值的评价有关。主观规范与个人关于他人想法的设想和个人采取这种设想的动机有关。

(7)A. S. R.曼斯台德等人1983年用婴儿出生前问卷测量了预产妇女的行为意图(如是否打算用母乳喂养)、行为的态度(如是否相信母乳喂养可形成亲密的母子联系)、母子联系的重要性如何和主观规范(母亲、丈夫、大夫的想法如何,对采纳他们的想法的动机如何),结果表明,这些变量对其用母乳喂儿的行为的相关性达0.77。

二、态度与行为不一致的原因

（1）人对某一对象的态度在表现过程中，会有两种形式：一是对抽象对象的表达形式，二是对具体对象的表达形式。例如，在问卷中表示的是对抽象对象的态度，而行为中表示的是对具体对象的态度。其中，情感因素起重要作用。例如，某旅店老板在问卷调查中表示不愿接受少数民族旅客，而当少数民族旅客实际到来时又照常加以接待。

（2）态度中的认知因素、情感因素和意向因素在不同的场合、不同的时间、不同的情绪中，某个因素占优势的情况可以不一样，因而，态度也就不同。认知因素占优势时，行为较明智；情感因素占优势时，行为往往情绪化；意向因素占优势时，行为的强度和速度都会增大。例如，某大学生之所以急于应聘工作，原因是他要赚钱养家；而他却工作不努力，原因是上班太辛苦。这就说明该生在应聘场合是认知因素占优势，在工作场合是情感因素占优势。

（3）态度中的认知功能、适应功能、表达评价功能和自卫功能在不同的场合、不同的时间、不同的情绪中，也会出现某个功能占优势的情况，从而导致态度与行为不一致。

三、态度的说服改变

改变一种旧的态度也就是再形成一种新的态度。一个人的态度是习得的，是不同生活经验的结果。态度受到生活中重要人物的影响，也受到信息加工方式的影响。H. C. 凯尔曼（1961）把对社会影响的有关态度的反应区别为 3 种：①顺从，即公开表示接受某种态度，但私下并未接受；②认同，指由于喜欢某人或某群体而自愿接受他们的态度，这虽然还不是自己的态度，但已接近自己的态度；③内化，指把他人态度完全融化吸收，使之成为自己内部结构的一部分。

在童年时期，父母是社会化的主导力量，他们言传身教的态度具有深刻的持久的作用。当人们进入青年时期，离开家庭进入大学之时，在同学和参照群体的影响下，他们的态度会发生较大变化。T. M. 纽科姆 1943 年的一项研究表明，本宁顿大学一年级学生对总统选举的态度很接近他们的父母，但是到了高年级时，他们的态度与父母的态度有了很大的不同。

人们的信息可以来自于个人的直接经验。一个人可以亲身体验到吸烟产生的恶劣气味,亲眼看到电影或电视上出现的暴力场面。这种基于个人直接经验而形成的态度具有较大的作用,不易改变。它们也往往能正确地反映现实。R.法西奥等人1981年的研究表明,通过直接经验而来的态度易于记住,也易于维持。他们让被试观看别人解各种智力难题的录像。要求半数被试跟着别人做,要求另半数被试只是观看。然后,给全体被试展示一组难题,要求被试表示"难"或"不难"的态度,这项计时反应测试的结果表明,那些对解难题有直接经验的被试,都表现出较快的反应。

四、态度的说服模型

所谓态度的说服,是通过社会公众的态度作用于个体,使个体改变态度的过程。第二次世界大战时期,美国政府发起了一项研究计划,研究说服的因素。目的是为了瓦解敌人士气,促进国内人民支持战争的态度。这项有关说服和态度改变的研究战后在学术机构继续下来。最有代表性的是50年代以C.I.霍夫兰为首的耶鲁大学沟通研究计划。霍夫兰曾提出一个说服模型。J.L.弗里德曼1985年把这个模型加以简化,使之更符合近期的研究。

说服模型由三部分构成:信息源、信息内容和目标人。信息源可以是人,也可以是新闻媒体,也可以是特定的情境。信息内容是态度的表达内容。目标人是接受信息的人,是态度改变的对象。

1. 信息源

声望效应研究表明,人们越是积极地评价信息源,便越可能改变自己的态度。沟通者越是受人喜爱,其信息越具有说服力。例如,受到学生高度评价的老师,容易说服学生改变态度。声望的具体来源于两个因素:权威性和可信性。

来自高权威性信息源的信息有较大的说服力,如原子能专家关于原子能潜艇的发言就比一般人更有说服力,诗人对诗歌优劣的判断也比一般人更有说服力。

信息的可信性对说服起重要作用。可信性的关键是目标人能否作出现实归因,而不是偏向归因。所谓现实归因,就是认为信息是真实的态度,而偏向归因,就是认为信息是出于某种背景的态度。

当信息源表达与目标人期望相反的言论时,有利于目标人作出现实归因,而增加可信性。因此,作出与个人利益相反的发言,会更有说服力,因为这个发言容易引起现实归因。E. H. 沃尔斯特等人1966年的研究表明,一个罪犯作"加强法制"的发言,其影响力可与检察官的同样发言相比。W. 伍德等人1981年的研究表明,让被试事先得知发言者的简单历史情况,他对一些问题的看法,也就是使被试对发言人的一般政治哲学有一定期望,这时再让发言者发言。如果他的发言与被试的期望相符,虽然不影响被试对信息的理解,但是被试将出现偏向归因,即把信息内容归因于发言者的背景,而不被归因于现实,因此,他的发言就很少引起态度改变。

2. 信息内容对说服的作用

听众原来态度与沟通者所主张的态度之间存在差距。差距越大,则引起改变的压力越大,要使压力下降,就需作出较大的改变。一般说来,在一个大范围内,差距越大,态度改变也越大。但是差距对压力和改变量的作用并不总是这么简单。差距越大压力越大,但并非总是引起较大改变。当差距变得相当大的时候,人们会认为越来越难于达到消灭差距所需的态度改变。差距太大的言论会使人怀疑信息源的可靠性。这时人们倾向于以贬低信息源的方式而不是以改变态度的方式降低压力。

如果信息源的可信性很大,那么,可以通过较大差距的言论,引起目标人较大态度的改变。例如,一般认为每晚应睡眠8小时,如果有一位科学家对目标人说,8小时实际上是不需要的,6小时就够了。这时目标人可能受到影响。如果有一位大权威对你说,4小时就够了,目标人将会受到更大的影响。

当一种信息可以引起目标人的动机时,可导致目标人的态度改变。研究证明,受过挫折体验的人容易接受严惩少年犯的态度,因为严惩的信息引起侵犯者的侵犯动机。

引起恐惧是说服人做某事的常用方法。如政治家竞选时常威胁说,如果他的对手当选将产生经济崩溃,爆发战争。大人威胁孩子说,小孩单独过马路会被车撞死等。许多学者对此作了实验研究。虽然多数研究肯定这一点,但有的却得出了相反的结论。这些研究大都采用高恐惧组、中等恐惧组和无恐惧组,加以比较。一些研究表明,引起的恐惧越大,越有效。恐惧不仅引起较大的态度改变,而且对行为也有很大影响。但是 I. L.贾尼斯1953年的研究却得出相反的结论,即认为没有恐惧的说服论据产生最大效果。对此,贾尼斯(1967)认为恐惧与态度改变的关系依赖于恐惧水平,在低水平上,恐惧越大引起态度改变越大,但是恐惧过大就会引起防御机制,从而很少引起改变。例如在为防止破伤风而打预防针的实验中,高恐惧产生最大效果,这是由于破伤风是可预防的病,不是那么可怕。在肺癌与吸烟的关系上,高恐惧就不那么有效。这是由于肺癌引起太大的恐惧,而且难于预防。可见有无预防办法在这里是起作用的。总之,在多数情况下,引起恐惧能加强说服力,但是如果恐惧过强,就可能使人惊呆得不能采取行动,或者否认危险。

3. 目标人

目标人已采取的行动有助于加强自身的态度。如穿了一套新服装有助于加强对这套新服装的喜爱态度。已公开表明过的态度,由于受到约束而不易改变。自由选择的态度比被迫选择的态度更易于保持。

目标人的原来态度受到一些轻微批评,有助于保持原初的态度,称为预防法。使目标人原来的态度受到某些支持,称为支持法。W. J.麦克盖尔等人1961年的研究表明,在接受了预防法的被试、接受了支持法的被试和未接受任何方法的被试之间,接受了预防法的被试对说服的抵制力最强,即态度改变最少,其次是接受了支持法的被试。其原因是,接受了预防法的被试往往是在接受说服前,就已经开始思考抵制性论据;而接受了支持法的被试则往往在接受说服前,思考支持性论据。两者都影响了信息的说服力。

在目标人的人格因素方面,研究表明,自我评价低的人比自我评价高的易于被说服;高智力者比低智力者难于被说服。而且前者较少受不合逻辑论证的影响,后者较少受复杂论证的影响。例如,一个人越是聪明,理解力就越强,能理解复杂的问题。但是一个人越是聪明,就越少可能接受所理解的东西。这是由于聪明人通常拥有较多的信息支持其原来立场,能更好地看出说服信息论据中的缺点,更愿意保持独立见解。

五、常用的说服技巧

1. 预先提示

预先提示,也称预先警告,是指在被试接受说服前,预先让他知道说服的内容。

在被试受原有意见约束很大的情况下,预先提示会增强对说服的抵制。在弗里德曼等人 1965 年的一项研究里,提前 10 分钟告知被试将有一个题目为"为什么少年不应开车"的报告,对另一组被试不作预先警告。结果是前一组被试比后一组更少受报告的影响。为什么会这样? 这里应注意,全体被试都知道报告是与他们的意见相反的,所不同的是一组被试提前 10 分钟得知报告的题目,另一组则在报告开始时才得知。提前知道有助于被试加强防御,生成反论。

在被试的原有意见不稳固的情况下,预先提示可促进态度改变。

预先提示可以形成人们可能接受的范围和可能拒绝的范围,前者称作接受域,后者称作拒绝域。如果某个信息处于个人的接受域内,态度将朝着信息所持态度的方向改变。反之,如果某个信息处于拒绝域内,态度将不会改变,或者向着相反的方向改变。M. 谢里夫(1958)等人观察到,个人先前的态度是一个中心点,其周围是接受域和拒绝域。例如,某人相信某汽车厂在 5 年内能生产耗油量为 100 英里/加仑的汽车。后来他读到一篇文章,主张这种事在 10 年内是不可能实现的。如果 10 年这个数字处于该人接受域内,那么该人原来态度可能发生一些变化。虽然他不一定完全接受这个数字,也许折中为 7 年,但他的态度会朝着这个信息的方向改变。一般说来,个人的接受域越宽,他越可能受到说服。持极端观点的人往往具有狭窄的接受域,而持温和观点的人则具有宽广的接受域。

2. 分心

人们时常致力于维护自己的意见,反对说服。但是如果采用分心法去削弱这种努力,则有助于说服。R. E. 佩蒂等人 1961 年总结了 22 项有关研究,发现除两项外,都证明分心有助于提高说服。

当分心有效干扰目标人的反论时,能加强说服力。反之,当分心削弱了目标人对信息有效论据的注意力,则会减弱说服效果。

当分心的强度不足以影响说服论据而又能抑制反论时,则分心能促进说服。商业广告制作者很注意这一点。他们既要用无关细节引开观众对广告主旨的关注，避免产生反论，又要使无关细节不太吸引人，避免掩盖了广告主旨。

3. 重复

要使态度得以保持，信息的重复是重要的。但是，当重复引起目标人的厌烦时，会引起抵制。

第五节 态度的测量

一、态度的测量

1. 何谓态度的测量

1928 年 L. L. 瑟斯顿提出了态度测量问题，此后态度测量成了态度研究的一个重要领域。

态度是可以测量的。在社会心理学中常用的态度测量方法是态度量表、问卷等。在设计态度测量方法时，首先必须明确态度对象。态度对象可以是比较具体的，也可以是比较抽象的，但必须能与其他概念清楚地区别开来。态度的主要属性是评价性，亦即对一定态度对象的积极或消极的反应倾向。态度应在评价连续性上处于一定的位置，表示其方向和程度。

态度不是直接观察到的，它的存在是通过可见反应显示出来的。可见反应可区别为三类，即认知反应（同意或不同意）、情感反应（喜欢或不喜欢）和行为反应（支持或反对）。评价倾向可以通过上述任何一种反应来估量。

态度测量可分为无组织的测量方式和有组织的测量方式两类。无组织的测量方式是由被试自由表达对某事的看法，有组织的测量方式则给被试提供多项选择项目，供其选择。二者各有其用途，前者可以取得较多信息，了解到事先未想到的问题；后者则易于记分，不易发生歪解，使反应集中于主要问题上，并适用于较大群体。

2. 态度测量的难点

在态度测量上，往往出现两种问题：客观解释问题和主观偏向问题。

由于某个项目用语模糊，被试发生误解，那么，对这个项目的反应就不可能反映出被试的态度。这是客观上的解释问题。要避免这种错误，在编制态度量表时应当用多个项目测量同一个态度。这样可以克服理解上造成的误解，测量到真实的态度。

由于某种原因，被试不愿表达真实的态度，被试就会作出虚假的反应，这是主观偏向问题。在这种情况下，态度量表的效度就成了问题。因此，在制订量表时，要充分考虑如何避免这种情形的出现。

在许多场合下，被试之所以出虚假反应，是由于他们事先知道哪些态度是社会赞许的，哪些是社会不赞许的。为了解决这个问题，有人提出了一种称为假通道技术的方法。实验者申明采用一种仪器可以探查到被试的真正态度（实际上这是做不到的）。如果被试不了解实情，相信实验者真能做到，就可能作出真实的反应。H.西戈尔等人1971年的研究证明，采用假通道法与传统量表法相结合，比单用传统量表法更能揭示出真实的态度。他们的实验基本假设是，由于社会压力，大学生倾向于对美国人表现出比实际态度差一些的态度，对黑人表现出比实际态度好一些的态度。他们共用60名白人大学生作被试，分为两组。第1组30人对美国品质表作出反应，第2组30人对类似的黑人品质表作出反应。每一组的15人连通一架标名为"肌电图"的仪器，其余15人只作反应，不连通仪器。结果表明，假通道技术的确能探查出更真实的态度。

除了假通道技术外，还有人提出利用行为指标的办法。人们一致公认，当人们倾听他们赞成的信息时，往往点头而不是摇头，这个行为也可以用来探查真实态度。其次，皮电反应和肌电图也是可以利用的。虽然这种反应与态度没有直接联系，但有助于了解唤起水平，从而查明不真实的反应。

某些人格特征也会造成反应偏向。社会心理学家发现，某些人对问卷或测验总是以一定模型反应，而不管其态度。有些人有赞同反应倾向，他们对问卷项目倾向于做出肯定的回答，即使它不反应其真实态度。有些人有否定倾向，他们对问卷项目倾向于做出否定回答。对此可采用对一个态度运用多个问题的方法，而且问题的表述采用不同方式，对同一问题有时要求用"同意"回答,有时要求用"不同意"回答。

二、常用的态度量表

最常用的态度测量方法的前提是假定被试意识到并愿意表达他的态度。态度量表通常是由一系列有关的陈述或项目组成,被试就每一项目表达自己同意或不同意的方向,以及同意或不同意的程度。把反应分数加以整理,得出一个表明态度的分数。

在某些敏感问题上被试可能不愿意表达自己的态度,这时就需要采用间接方法。间接方法是使被试不意识到自己受到评价,或者虽然意识到,但不知道评价的是什么。可以假借评价其他方面,如逻辑思维能力的名义评价态度。

1. 瑟斯顿量表

L. L. 瑟斯顿及其同事 E. J. 蔡夫于 1929 年提出的态度测量法,称为瑟斯顿量表法。

这个方法首先搜集一系列有关所研究态度的陈述或项目,而后邀请一些评判者将这些陈述,按从最不赞同到最赞同方向分为若干类,譬如11 类。经过淘汰、筛选,形成一套约 20 条意义明确的陈述,沿着由最不赞同到最赞同的连续系统分布开来。要求参加态度测量的人在这些陈述中,标注他所同意的陈述,所标注的陈述的平均量表值,就是他在这一问题上的态度分数。

瑟斯顿量表法提出了在赞同或不赞同的陈述上测量态度的方法,这是它的贡献。这个作法迄今仍是多数量表的基本特点。但是由于这个方法复杂、费时和不方便,所以很少使用。

2. 利克特量表

1932 年 R. 利克特提出了一个简化的测量方法,称之为相加法。它不需要收集对每个项目的预先判断,只是把每个项目的评定相加而得出一个总分数。利克特量表法的结果与瑟斯顿量表法的相关系数约为 0.80。

利克特量表也是由一系列陈述组成,利用 5 点或 7 点量表让被试作出反应。

5 点量表是:很赞同、赞同、中性、不赞同、很不赞同。

7 点量表是：很赞同、中等赞同、轻微赞同、中性、轻微不赞同、中等不赞同、很不赞同。

为了迫使被试作出选择，利克特量表可改为强迫选择法，把中性点去除，如把原 7 点量表改为 6 点量表。

3. 社会距离量表

社会距离量表主要用于测量人际关系亲疏态度。其中，J. L. 莫雷诺的社会测量是测量人际亲疏态度的一种形式。E. S. 博加德斯 1929 年提出的社会距离测量主要是用来测量种族之间的社会距离。

博加德斯量表包括一系列陈述，按从最近社会距离到最远社会距离排列开来，如可以结亲（1）、可以作为朋友（2）、可以作为邻居（3）、可以在同一行业共事（4）、只能作为公民共处（5）、只能作为外国移民（6）、应被驱逐出境（7）。括号内分值越大表示社会距离越大。

4. 语义分化法

C. E. 奥斯古德等人 1957 年提出语义分化法。这是一种较为全面的测量方法。以往的态度测量基本上是在赞同或不赞同一个维度上的测量，不易表达出态度的复杂性。语义分化法提出了 3 个不同维度的态度测量，所以又称为多维度量表法。这 3 个维度是评价、强度和活动。

在这个方法中，态度对象的评定是通过由对立形容词构成的一些量表进行的，如好一坏，强—弱，主动—被动。好坏是评价方面，强弱是强度方面，主动被动是活动方面。

测试时给被试提出一个态度对象，要求他按照自己的想法在有关系列中圈定一个数字，各系列分值的总和，就是他对有关对象的态度。表格中三个维度是不变的，但各维度中的项目是可变的。三个维度中评价维度被认为是主要的。

另外，还有一些态度测量方法，如投射测验、行为观察、生理记录等，也是常常被采用的。

第四章 理解再理解

任何行为都有动机,或善或恶;在交往中的双方,其行为都会在对方身上体现出效果,或益或损。据此,可将行为的道德评价归纳成四类:

1. 交往双方动机性质不一致,一方有良好的动机,而另一方没有良好的动机或者有不良动机,从而得到或好或差的效果。

2. 双方都不具有良好的动机,得到差的交往效果。

3. 双方都有良好的动机,得到良好的交往效果。

4. 双方都具有良好的动机,得到差的交往效果。

其中,第一种和第二种情况都可能会得到不良的交往效果,因此,对不良的动机应该加以谴责;第三种情况是最理想的;第四种情况则需要加以指导,使之避免。

在管理工作中,管理者与员工都期望得到第三种交往效果,但实际结果往往会出现第四种情况,因此,很多管理者都觉得"做人很难",认为对方是"狗咬吕洞宾,不识好人心"。如何做到自己与员工、与所交往的对象能够充分理解、避免误解呢? 明白其中的道理和奥妙是管理者之所以能完善内省结构的基础。

第一节 主导动机与理解

一、动机群

我们常常用到一个词:"百忙之中"。如果领导来参加活动,主持人会说"某某领导在百忙之中如何如何",如果某某客人来了,也会用上"百忙之中"一词。在生活中我们也发现,不管男女老少每个人都处于百忙之中。一个人退休了,总认为可以空闲了,但是,恰恰忙得不亦乐乎,又是晨练,又是买菜烧饭,又是抱孙子,又是会朋友等等。四五岁的小孩子,想想总应该是很空的,但一天下来,也会出几身汗,甚至忙得汗流浃背。

我们可以用动机群来描述"百忙之中"的现象。动机是推动人从事一定活动的心理动因,着重体现为"想干什么"。动机群的意思是无论男女老少,在同一时刻都会有很多事情想做。

此时此刻,你有没有动机群? 肯定有的。1号动机看书、2号动机完成某项工作、3号动机问候父母、4号动机给朋友打电话、5号动机跟某人约会、6号动机想逛商场,等等。

二、主导动机

在某一特定时刻,动机群中众多的动机不可能都体现为行为,只能将其中一种动机转化为行为。因此,行为者必须对动机群的各种动机,按照某种标准进行选择,分清轻重缓急,排成先后次序,从而使某种动机成为最急于完成的、最先实施的动机。这种最急于完成、最先实施的动机称为主导动机,而动机群中的其他动机就成为依附动机。

主导动机一旦确定,当事人就会排除种种困难,把主导动机体现为行为。依附动机则既不忘记,也没有体现为行为。

动机群、主导动机与行为的三者关系可以图 4-1 表示。

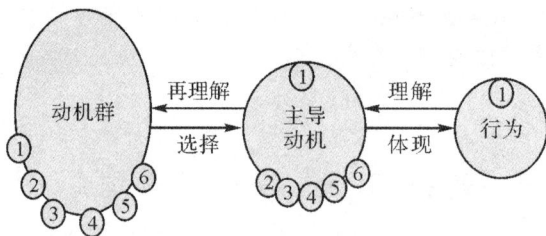

图 4-1　动机群、主导动机与行为三者的关系

如图所示,其动机群由 6 个动机组成,经过选择,将 1 号动机作为主导动机,体现为 1 号行为,动机 2、3、4、5 则作为依附动机。

每个人从小到大,凡属有意识的行为基本上都是经过这个过程而得以产生的。因此,每个人都很熟悉这个过程。这个过程如果用在自己身上,那是最简单的事情。

但是在人际交往中,用这个过程来解释交往对方的行为却是一件十分复杂的事情。

在人际交往中,张三与李四交往,张三只能做到六个字:听其言,观其行。对于李四的主导动机,是靠猜测的。如果猜得很准确,那就是理解,反之,一旦猜测有误,那就是误解。

三、理解与误解

每个人都希望自己被他人理解,也希望自己理解他人。所谓理解就是在交往中对他人的主导动机的正确认知。人们常常呼吁"理解万岁",从中足以体会到,理解不是一件容易做到的事情,而误解则是经常发生的。所谓误解是在交往中对他人的主导动机的错误认知。

钱老师刚做了班主任,一天向黄老师诉苦。

钱老师:"班主任难当哦,现在的学生怎么那么老油条呢?"他们的学院招进120名大学生,系领导让他去当班主任。本来觉得自己要当班主任很威风了,有一天他通知全班同学到五楼开班级大会。有一个男生,走到二楼的时候看到墙上有一个消防栓,里面有一个水龙头很长,和喇叭差不多。恰巧这个男生看到有三个女生在旁边就兴奋极了,开始说大话了:"你们相不相信,我可以把水龙头拿出来当喇叭吹,吹得很好听。"几个女生听了,故意怂恿他说:"不相信,你吹吹看。"这个男生被这么一激,真的把水龙头拿出来吹了,吹得很难听,几个女生笑得前俯后仰。正当笑得开心的时候,钱老师正从楼梯上来,一看这样的情景,马上阻止这个男生,让他把水龙头放回去,然后把他叫到办公室训话。

钱老师:"这些是火警材料,非火警不得用,要警告处分的,以后千万不要玩。"

班主任好心好意教育,没想到这个男生却是嬉皮笑脸,身体晃个不停,惹得班主任发火了,一掌拍在了桌子上。不拍还好,一拍以后这个男生笑得更开心了，左脚抖抖，右脚抖抖。最后，打发走这个男生后，班主任来找黄老师。

钱老师："这个男生会不会有心理障碍呢？"

黄老师："心理障碍是很容易产生的，你让他过来咨询就是了。"

第二天，这个男生过来咨询。表面看是个忠厚老实的学生。

黄老师："我看你这个人忠厚老实，但是昨天你的班主任说你很老油条，这是怎么回事，你能不能和我讲讲？"

男生："冤枉的。"

黄老师："怎么冤枉你呢？"

男生："我从小到大，最怕的就是被班主任叫过去训话。这次上大学没几天就被老师叫过去了，一走进办公室，我就浑身害怕得发抖。"

黄老师："你是害怕得浑身发抖，老师还以为你是老油条。老师拍桌子以后，你为什么还左脚抖抖，右脚抖抖呢？"

男生："老师不拍桌子我还站得住，老师一拍桌子，我就站不住了，只好左脚抖抖，右脚抖抖了。"

黄老师："那为什么老师在问话的时候，你还嬉皮笑脸呢？"

男生："哪里呀，我当时是很想哭，害怕得不得了，只好暗暗地告诉自己，都大学生了，不好哭了。怎么会笑出来的？我自己都不知道。"

黄老师叫来钱老师，师生两人见面后，双方一对质，都开怀大笑了，原来是误解一场。

可见，误解是经常发生的。人们常常把误解比喻成"万恶之源"。在生活中，误解造成人际关系恶化；在工作中，误解损害工作效率。只有消除误解，才能进入一片光明的理解境界。

四、再理解

张三从李四的行为，猜准李四的主导动机，这是理解。如果张三能够进一步猜准李四的动机群，那就是"再理解"。

一个人有了理解能力，才能成为优秀管理者，但是，不一定是高层决策者。只有具备良好的"再理解"的能力，才能成为高层决策者。

在当前的社会中，许多第一代创业者都把重担交与第二代来接任。第二代掌门人能否胜任呢？其中取决于两个条件：一看是否到了"三十而立"，因为这个年龄心智开始趋于成熟稳定；二看是否拥有一定的管理知识。这两个条件具备了可以开始做管理，但要接班就还需要考察一种素质，看他是否具有"再理解"的素质。

知识可以通过学校教育获取，再理解的能力则有天赋的因素，因为，再理解的能力多用在决策过程中，这是最高层次的理解力。

再理解需要对事物的发展、员工的动态发展具有较高的预测力。对人的认识、情绪及行为等因素作出有效的判断。

再理解需要对事物的发展具有控制力。让对方按照所确定的方向发展。

再理解需要在实践中对自己的预测和计划作出适当的调整。计划的制订就意味着形成了一个组织的动机，在没有特殊情况下，这些计划都必将付诸于实践，通过实践发现问题，并作适当的调整。

五、再理解与决策

决策是决策者的直觉和理性相结合的体现。决策者可以凭直觉进行决策，也可依靠逻辑推理进行理性决策。

理性主要依靠逻辑推理，着重于信息之间的联系，分析事件间的因果关系等。因而，体现在决策中，理性决策就具有周密、逻辑性强的特点。在重大事件中，理性决策占多数。

直觉包括直观、预感、想象力、潜意识、习惯反应等心理特点。因而，体现在决策中，直觉决策就具有洞察力强、反应能力强的特点。在现实生活中，这种直觉决策为数极多。

直觉具有把握整体的洞察力。这种能力也就是人们所说的"第六感觉"。人们常常对某些事件体验到整体性的感受，而这种感受是理性所无法比拟的。例如，走棋时，为什么走这一步？如果从理性考虑，应该从成千上万种步法中加以比较，方可得出，但是棋手们却可以凭"第六感觉"而得到整体性感受，根据这个感受作出选择。

直觉具有快速反应力。这种能力就像我们在投掷篮球时那样，不加任何计算,对距离、力量、速度作出判断,而投中篮圈。对于阅历较深的决策者,由于在实践中对决策问题积累了无数次经验,因而,也形成了一套快速反应的决断力。

决断力是决策者的直觉决策能力,也是再理解能力中最重要的因素。决断力越强,越是表现为"果断",而决断力弱,就表现为"踌躇"。

决断力主要由四个因素组成:发现问题的敏锐性、预见风险的确定性、权衡方案利弊的显著性、执行方案的程序性。这四个决断力要素越强,决断力也就越强。反之,则越弱。

第二节　误解的类型及其消除

误解的类型可分为两大类:有依据的误解与无依据的误解。

一、有依据的误解

1. 有依据的误解的特征

有依据的误解一般有三个特征:隐蔽性强,持续时间长,会产生不良后果。

(1)隐蔽性强。比如,张三明明误解李四,却由于种种原因说不出口,而李四又不知道张三对自己有误解。

(2)持续时间长。误解持续的时间短则数月,长则数年;白天忘记,晚上想起,正所谓"耿耿于怀"。

(3)产生不良后果。一旦认为时机成熟,则会体现出不同程度的报复行为,或报复以言语,或报复于行动,从而产生严重的不良后果。

　　三国时期一代英豪关云长为什么败走麦城?究其原因正是由于刘封对他心存有依据的误解。

　　当年刘备与关羽路过刘家庄,刘老爷看刘备气宇轩昂,必有作为,意欲将刘封送给刘备当义子。

　　刘老爷:"刘将军,你有没有儿子?"

　　刘备:"女儿已经长大,儿子刚刚生下来两个月。"

刘老爷连忙把小孩子刘封拉过来,要把刘封给刘备当义子。刘备很喜爱刘封,就想答应。

关云长:"大哥,不能收。你以后要当皇帝的。百年以后,你的皇位是传给这个义子的长子,还是传给亲生儿子呢? 有冲突的。"

刘备:"二弟,皇帝八字还没有一撇,当前是用人之际,还是收人为上。"关羽认为有理,也就不再反对了。

这一幕被刘封看在眼里,并牢记在心中,此后耿耿于怀,一直持续了 12 年。

12 年以后,当关羽手臂受伤未愈,在麦城被孙权所困之际,近在五十里之外的刘封三次接到叔叔的求援信,可在这种危急关头,他想起了 12 年前的那一幕,认为这是报复良机,因而见死不救。最后,关羽被孙权所擒遇害。不久,刘封也被刘备斩首处分。接下来,就是连锁反应。张飞被部下暗杀,张飞的儿子在战场上被自己的战马压死,刘备亲领六十万大军与孙权决战,却被火烧连营,受惊而亡。一个误解,引起蜀国元气大伤。

2. 消除有依据误解的关键——勤

所谓勤,就是在工作中,管理者要频频不断地在四个方面展开交往:经常与上司交往,以了解上司的工作意图;经常与下属交往,及时把工作落实到人;经常与兄弟单位交往,取得协作支持;经常与客户交往,了解他们的需求。

要提升管理效能,关键的素质是"勤"。只有全体管理者都做到"勤",一个团体才能做到"政令畅通"。只要有一个管理者做不到"勤",就会出现政令堵塞。

美国心理学家詹姆斯·李对美国 45 家不同公司中 260 名基层和中层管理者进行调查,总结了信息交流引起过失的原因,并从大至小排出次序如下:

(1)不通知我某些我应该知道的事。

(2)不把全部情况告诉我。

(3)太迟了才告诉我某些事。

(4)采用错误的信息交流方法,如应当用书面信息交流的内容却用了口头交流。

(5)在信息交流链中绕过了我。

(6)给我提供错误的信息。

(7)用讽刺的、敌对的或感情用事的方式对我进行信息交流。

(8)用我不能理解的语言、术语、过于技术性的词句等同我讲话。

(9)当着别人的面批评我。

(10)不用行动来支持我所获得的信息。

"十大过失"中，多数都是可以通过"勤"加以消除的。

在工作中，有依据的误解不是自己想有就有，自己想没有就没有，而是肯定会有的。

> 有一位青年教师，年轻有为，教学认真，工作热情，每天都为学生忙碌。有一天吃好中饭，与几位学生走在校园里，学生告诉他，有一棵梧桐树树干空掉了。他过去一看，这棵树已经是摇摇欲坠，随时可能倒下来压到路人，很危险。于是，他就拿了一把锯子，把树锯掉。但是，校长却认为这位教师是破坏学校的绿化。为此，几次升职称，这位教师都没有升上。六年后，校长退休了，他也"下海"办企业了。在一次偶遇中谈起以前的事，校长才知道真相，并后悔地告诉他内心的愧疚，这位教师才知道自己一直来没升上职称的真正原因。

二、无依据的误解

1. 何谓无依据的误解

无依据的误解，也称自由联想的误解。在无依据的误解中，对方的行为本身并不涉及利弊关系，但是由于这个行为不符合自己的期望，因此，通过自由联想，错误判断对方的主导动机，构成误解。

无依据的误解，由于自身期望较强，自由联想具有无限想象空间，因此，往往引起突发性事件。

2. 无依据误解的特征

用古话来说，无依据误解的特点是：来得快，去得更快。用现在的话来说，无依据误解有三个特征：

(1)无依据误解表现为突发性不良事件，正所谓：来得快。如何判断突发性？可以从两方面判断：一是现场一片狼藉；二是声音很恐怖，有人在哭有人在吵。

（2）突发性事件必须要有人从中做思想工作和心理工作，或者当"劝架者"，或者当"调解者"。这样，当事人会较快地消除误解。

（3）无依据误解会引起突发性，看上去很危险，但是一经劝解，或者调节，误解会很快消除。正所谓：去得更快！

3. 面对私人之间的无依据误解

用"劝架者"的心态，尽量用口语，加以消除。

小张夫妻都是教师，儿子刚满三个月。小张的母亲千里迢迢从福建来杭州看孙子，准备在杭州住半个月。

小张："小李，如果在这段时间你对我妈妈孝顺，我会加倍孝顺你父母。"

小李："你放心好了，我会好好待她的。"

那天，小张把母亲从火车站接到家后就上班去了。媳妇小李看到婆婆很高兴，婆婆看到媳妇也很开心，抱起孙子更是爱不释手。小李想婆婆这一路劳顿，为了体现自己的孝心，让婆婆先上床休息休息。

小李："妈妈，路上累了，先休息休息。有半个月的时间，孙子有的是时候让你抱。"婆婆想要再抱一下，可媳妇要推她进卧室；婆婆不肯进卧室，媳妇推了好几遍，婆婆才进去。

媳妇以为自己很孝顺。但是，婆婆普通话听不懂，媳妇说什么一句都不明白，但推自己的行为却是感受深刻。于是，婆婆在床上，两眼泪汪汪，展开了自由联想："为什么不让我再抱一下孙子呢？为什么要把我推到房间里呢？肯定是媳妇嫌我农村老太婆身上脏。算了，不要住半个月，住五天就尽够，免得影响他们夫妻关系。"

小张乐滋滋地回家，只见小李一人在厨房做事情。

母亲见小张回家，便说："我不要住半个月。"

小张："为什么？"

母亲："我怕小李嫌我身上脏。"

听母亲这么一说，小张马上去指责小李，两人吵了起来。吵了没几句话，正在气头上的小张把小李花了两个小时烧好的一桌菜都掀翻在地。结果，小张的母亲哭着要回老家，妻子哭着要带儿子回娘家，小宝贝也嚎啕大哭。

小张："黄老师，你现在能否到我家来一下。"

小张语气匆促，不像是原先准备好的。黄老师估计肯定有不太好的事情，需要帮忙。

黄老师赶到小张家里，只见一家四口有三人在哭；饭菜都撒在地上，一片狼藉。黄老师心想，一定是突发性的无依据误解导致的，于是把小张拉到一旁便问了事情的经过。

黄老师："小张，我们到你母亲房间，你问问她到底发生了什么，为什么哭，我福建话听不懂。"

小张很快就问清楚了。然后到小李房间，也问清楚了。于是，小张把母亲推到客厅，黄老师把小李推到客厅。小张当翻译，婆媳之间交流了没几分钟，双方都理解了，泪水未干，笑声出口了。

4. 面对公家的事情

面对公家的事情要用"调节者"的心态，尽量用组织行为来消除误解。

戚总经理、黄老师和另外几个朋友在戚总办公室聊天。谈话间戚总接到一个电话后，"呼"的一下，满脸怒容冲出门外。二十分钟后，戚总得意洋洋地回来。

黄老师："这么快就回来啦，刚才那么凶，现在却是那么开心。"

戚总："来得快，去得更快。一场误解。"

刚才那个电话是副总打来的。

副总："戚总！两个车间打群架，要闹罢工！我镇不住，你来，你来！"

戚总跑到现场。耳朵一听，六十个员工中不知多少人在哭在吵，声音很恐怖。眼睛一看，地上一片狼藉，一看就知道是打过群架的。

戚总马上进入调解者的心态。拎起一张椅子，找到一个空旷的地方，用力把椅子放到地上。声音传到人群，大家都往他这边看。此时此刻，戚总很镇定地坐下来。

"戚总来了，戚总来了。"大家看到老总，都不哭不吵了。两位车间主任跑过来，向戚总汇报。戚总很快就弄清楚了事情的原委。

原来，在平时，任务不重，两个车间共用四辆运料车就够了。外国订单接到后，运料车不够用，你抢我夺，结果打起来，工人们闹罢工。

戚总站起来，往前跨了两步，拿出手机给后勤科打电话，要后勤科以最快速度送来四辆运料车。五分钟不到，运料车送到了。

戚总："开工！"

两位车间主任跑回去，把自己的队伍带回车间。戚总看了看手表，从头到尾，不到十分钟就处理好了，于是得意洋洋回到办公室。

黄老师："你这个调解者当得真好！如果是用口语去劝架，很可能你自己也难免会受伤，而且结果仍然是罢工。"

如果戚总一到现场，冲进人群喊："不要吵！不要吵！"无论他怎么大声，都无法控制大家的情绪。很可能，戚总被人们推来推去，罢工就在所难免。

如果戚总听清楚两位主任的解释后，批评两位主任，两位主任辩解一下，员工再跑过来援助，又会引起争吵，最后还是罢工。

在这种场合下，戚总亮明总经理的身份，以工作目标作为解决问题的关键，瞄准"开工"的目标，解决不足之处，满足工作条件，增加运料车，开工就顺理成章了。

当事人消除误解，也是增进理解，因此，会很快消除突发性事件。

第三节　非期望行为

根据对方的行为效果与自身期望的吻合程度，可以把对方的行为分为两种：一是非期望行为，二是期望行为。

所谓非期望行为，是指那些虽不违法、不违纪但也不符合自身期望的行为。例如，母亲期望孩子放学后先做作业，而孩子却先看电视，孩子的看电视行为就是母亲的非期望行为；营业员期望顾客尊重自己，但是某位顾客却态度很差，这顾客的不良态度就是营业员的非期望行为；公共汽车上，甲不小心踩了乙的鞋，甲的行为就是乙的非期望行为。

非期望行为容易令人发火。在现实生活中，当遇到非期望行为，确实可以通过发火调整对方的行为，因此，有些管理者每天都会遇到非期望行为，每次遇到非期望行为都发火。长年累月，会在心中积累火气。这种火气足以让管理者吃不香，睡不安。

如何处理非期望行为？

一、非期望行为——忽视它

1. "忽视它"的现实意义

当遇到非期望行为时，我们要暗示自己：非期望行为——"忽视它"。

所谓忽视，并不是装作没看见，而是从心理上要求自己保持冷静的、理智的心态，做到不发火。

所谓不发火，是要求自己在非期望行为面前做到"三不"：不打人，不骂人，不摔东西。

一位父亲在工作中遇到不顺心的事，下班看到儿子幼儿园放学后在家里跑来跑去，很恼火，就骂他，骂得很凶。儿子还是不听话，父亲就动手打。儿子哭得很伤心。父亲也觉得后悔。父亲告诉儿子："下次记牢，不要让爸爸发火。爸爸不发火是不会打你的。让爸爸发火了，才打你的。"

这位父亲恰恰说错了。他之所以发火，不是由儿子引起的，而是他自己的心理导致发火的。当他开口骂儿子时，就开始点燃内心之火；当动手打儿子时，内心之火苗就越蹿越旺，难以控制。

火气说到底是不良情绪的冲动，情绪一冲动，就会冲垮理智。理智被冲垮，思考问题时就会任意夸大对方的不足，分析问题的方向就会特别关注对问题的负面作用，于是，误解就形成了。

因此，"忽视它"的过程就是"消除误解"的过程。

2．"忽视它"的方法

"忽视它"的方法主要有两种：认知调整法、情绪控制法。

（1）认知调整法

当对方出现非期望行为时，调整自己的认知，明确自己为什么认为对方的行为是非期望行为，为什么要制止对方。

例如，儿子刚刚从幼儿园回家，玩兴很浓，因此，东跑西跑。这时，如果父亲明确告诉自己，好动是孩子的天性，明确之所以制止这种行为，是为了避免儿子撞痛，自己应该设法转移他的注意力，安静下来专注于某件事，这样就会不发火了。

（2）情绪调整法

当对方出现非期望行为时，不要急于制止对方，而应给自己一个思考的时间，找出对方行为的动机。告诉自己，应该想出一个比较好的制止方法，从而做到自己不发火。

例如，父亲看到儿子在家里跑来跑去，告诉自己，好动是孩子的天性，进一步思考如何制止儿子，这样父亲就会做到冷静理智了。

二、寻找期望动机——引导它

1. 期望动机

所谓期望动机，就是对方动机群中那些符合自己期望的动机。

从"动机群—主导动机—行为"三者关系可知：双方具有交往动机，但在行为上却不一定都表现为符合对方的期望。因此，出现非期望行为。

当出现非期望行为时，只是因为其主导动机不符合对方而已，而绝不意味着其动机群中一定没有期望动机。

因此，在工作中，当对方出现非期望行为时，必须考虑的问题是：虽然对方的主导动机不符合自己的期望，那么，对方的动机群中，有没有期望动机呢？

在工作中，我们可以依据对方的以往表现、工作要求等，作出相应的判断。一般情况下，管理者可以设定对方具有期望动机。因此，如果管理者欲将对方的非期望行为转变为期望行为，就必须"引导它"。

2. 引导它

"引导它"是在对方动机群中找出符合自己期望的动机，然后，把对方的非期望行为转变为期望行为。

"引导它"是在冷静理智的心态中,寻找解决问题的方法的过程。这个过程包括几个环节。对方的言行表达了什么需要? 重点内容是什么? 需要是否合理? 自己能否满足对方的合理需要? 怎样满足? 如果不能满足,如何作解释?

3."引导它"的方法

非期望行为的引导如图 4-2 所示。

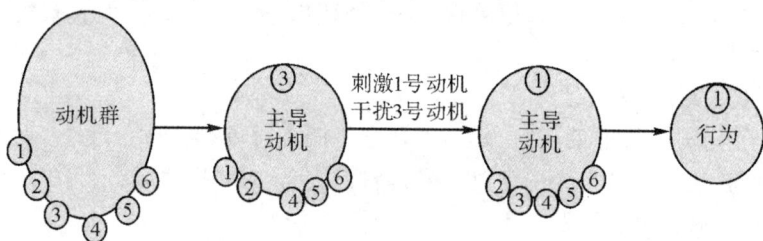

图 4-2　非期望动机的引导

张三把 3 号动机作为主导动机,做出 3 号行为,而李四认为 3 号行为是非期望行为,3 号动机是非期望动机。

引导它的主要方法可以归纳为两句话,那就是:刺激 1 号期望动机,干扰 3 号非期望动机。

(1)刺激 1 号期望动机

刺激 1 号期望动机,就是在李四的引导下,使张三的 1 号动机从依附动机状态上升为主导动机状态。引导一旦成功,1 号行为就会转变为期望行为了。

(2)干扰 3 号非期望动机

干扰 3 号非期望动机,就是在李四的引导下使张三的 3 号动机从主导动机状态降为依附动机状态。3 号非期望动机一旦下降为依附动机,3 号非期望行为也随之消除。

梅会计虽然年轻,在单位却是年年先进,唯一不顺心的就是与儿子处得不好。

梅会计:"小强,过来! 再过两个月,你就要考初中了,知道不知道?"

小强："老妈,这么重要的事情,我还不知道?"

梅会计："知道就好。这两个月放学一回来,就做作业! 听见没有?"

小强："听见啦。"小强不仅答应得好,而且做得更好。一回家就做作业。

半个月过去了。有一天,老师决定让同学们考前好好休息一个晚上,只布置了半个小时的作业。放学的路上,小强心想:"回家先做什么事情呢?"小强虽然是小孩,也拥有动机群:1号动机做作业,2号动机吃点心,3号动机看电视,4号动机看小人书,5号动机玩变形金刚,6号动机给同学打电话。

小强回家后,决定先看一会电视再做作业。这时就把3号动机作为主导动机,其余是依附动机。正在看得开心时,梅会计回来了。一路上,梅会计心情愉悦,心想儿子近段时间真是听话,那么用功做作业。可当她打开门,看到儿子竟然在看电视!

梅会计："别人一天到晚在做作业,你一天到晚在看电视!"

小强："我哪里一天到晚看电视,今天老师让我们休息一个晚上! 你什么时候看到别人一天到晚做作业啊!"

梅会计："我说你,你还顶撞!"一个巴掌打到小强脸上,"你给我滚!"

梅会计进厨房烧晚饭,两分钟后,发现儿子不在看电视。到房间看,也没有人。打电话给丈夫:"你赶快回来,儿子出走啦!"

找了三个小时,还没有找到小强,梅会计又急又后悔。

直到很晚了,小强才从一楼楼梯底下满脸是灰的出来,回到家门口,还以为母亲会骂他一顿,父亲会打他一顿,没想到父母亲一看到他,就像看到天上掉下来的宝贝一样热情。一个烧水,一个做饭。折腾了五个小时,作业还没开始做。

第二天,梅会计来找黄老师。

梅会计："黄老师,独生子女真难教,你叫他滚,他就滚给你看。"

黄老师："小强看电视一不违法,二不违纪,仅仅与你的期望不一样。充其量,也是非期望行为。"

梅会计："那怎么办？"

黄老师："对于'非期望行为'——忽视它！引导它！奖赏它！"

不到十天，梅会计又来了。

梅会计："黄老师，小孩子真是记性差，10天不到，老毛病又犯了。昨天晚上，又看电视了。我刚想发火，暗暗告诉自己，千万不要发火。"

黄老师："这个说说容易，做起来却很难，你是怎么做到的呢？"

梅会计："我灵机一动，暂且把他看成是我姐姐的孩子。"

梅会计恢复冷静后，到厨房间，一边烧饭，一边思索方法。

梅会计："小强，作业做好没有？今天作业要多少时间完成啊？有几道聪明题？"

小强在母亲的干扰下，无心看电视。

小强："作业还没有做，两道聪明题。我去做作业啦。"

上次半小时作业，足足折腾了五个小时，还没有完成。这一次晚上五点半开始引导，两分钟后小强就开始做作业了，六点半丈夫回来时，儿子作业已经完成了。一家人和和美美地开始吃晚饭，家里充满温馨！

三、期望行为——奖赏它

当对方出现期望行为时，有必要"奖赏它"。所谓奖赏，就是让对方得到精神上或物质上的鼓励，从而使期望行为得到更好的持续。

奖赏的方法很多，关键在于满足对方的某种需要，如口头表扬、书面表扬、物质奖励、精神鼓励，等等。

在现实生活中，要做到奖赏期望行为不那么简单。

有一位父亲带着读幼儿班的女儿到餐馆吃中饭。只有两个人吃，父亲却点了一桌菜，可见父爱之深。但是，女儿只吃了一点点就不想吃了。父亲数落几分钟后，其女儿含泪重新拿起筷子吃。但就在这时候，这位父亲突然一把夺过女儿的筷子，猛打女儿的头。只见两根一次性筷子没几下就打断了。这位父亲一把抱起女儿,付了钱,离开了餐馆。结果不仅浪费了一桌菜,更重要的是加重了女儿的厌吃心理。试想如果父亲看到女儿重新吃东西时,开心地奖赏她一番,该有多好!

影响奖赏行为的因素主要有以下几点:认为对方的期望行为转变速度太慢;认为对方的期望行为还没有完全符合自己的期望;认为对方的期望行为缺乏自觉性;想惩罚对方原先的非期望行为。

小蔡的母亲生胃癌,住院治疗了一个月。她问医生:"这个胃癌能不能治好? 这个月花了多少钱?"医生告诉她:"你好好配合,我们会用心为你治疗的,这个月花了五千两百元多一点。"蔡母:"我不看了,我要出院。我儿子每个月工资只有两千元,我这么看病花钱,他负担太重了。"医生同意她的要求,医嘱停针停药。

小蔡下班后来医院探视妈妈。他不知道医嘱,一看母亲床柜上没针没药,很疑惑。

小蔡:"妈妈,怎么没针没药?"

蔡母被儿子的神情吓慌了,连自己要求停药的事都不知道该怎么说。小蔡着急地跑向护士室,正好看到值夜班的郝护士。

小蔡:"我三岁就没了父亲,母亲的病我是要治到底的,谁敢停针停药!"

郝护士:"我才懒得管你几岁没父亲。"

小蔡:"给不给,打死你!"

郝护士:"你打打看!"

小蔡一把揪住郝护士的头发,郝护士则用笔把小蔡的脸划破……直到其他医护人员闻讯赶来。

小蔡与郝护士是深仇大恨? 不是的。是心态问题。

小蔡与郝护士的不良后果能否避免呢? 那是肯定的。

如果郝护士做到"忽视它",就会不发火,就会冷静理智,听懂小蔡的来意——是为母亲拿药。

如果郝护士做到"引导它",她会表态:"我刚从其他护士手里接班,你母亲为什么没有药,我马上查一下,你先坐一下。"

如果郝护士做到"奖赏它",那她在查出医嘱后,会夸奖小蔡,你真孝顺! 你母亲真有福气! 那她就是一个优秀的护士了。

　　在整个过程中,小蔡态度太差,只顾自己的母亲,不顾郝护士的感受。而郝护士也是情绪一冲动,误解了小蔡的来意,把小蔡的来意曲解为"三岁没父亲",用"懒得管你几岁没父亲"应答,再用"你打打看"激怒小蔡。

　　总而言之,每个人都拥有动机群,都有主导动机,主导动机将直接表现为行为。在人际交往中,对于"非期望行为",就应设法做到:忽视它! 引导它! 奖赏它! 做到消除误解,增进理解,提高团体的理解力。

第四节　如何转变非期望行为

　　"引导它"的主要原则是转变非期望行为,使之成为期望行为。"引导它"的主要原理是:刺激 1 号期望动机,干扰 3 号非期望动机。

　　具体展开,"引导它"的方法可分为三大类:确立观念法、转化观念法和批评缺点法。

　　确立观念法,是在对方心中没有期望动机时,为其建立期望动机的方法。

　　转化观念法,是把对方的非期望动机转化为期望动机。

　　批评缺点法,是通过分析,把对方的非期望行为转变为期望行为。

一、确立观念法

　　确立观念法,关键是引导。引导的前提是,人们通常以群体行为倾向作为自己的行为倾向,社会的强化目标作为自己的行为导向。

　　在工作中,常用的方法有:授课(讲座)、演讲、讨论、评比、动员、参观,等等。

　　授课是请专家上一门系统的、完整的课,专题讲座则是请专家就某个专题作知识传授。通过授课或专题讲座,可以在组织中——上至管理者,下至每个员工——能够确立统一的管理观念,形成统一的评价标准,从而做到上下同心。

演讲比赛有一个充分的准备过程,从基层组织中,通过竞赛筛选选手,从层层比赛中,选出最后优胜者。这样的演讲比赛,不仅对广大员工来说是一种艺术享受,更重要的是让员工从而确立了组织观念。例如,某厂开展了"质量是企业的生命"的专题演讲比赛,活动使全厂员工都提高了高标准的质量意识,更自觉地把握自己所生产的产品质量。

讨论通常是针对某个问题而展开的,参与讨论的人数一般以基层单位为小组,人数大致在 10 人左右。人数太少,不利于集思广益;人数太多,难以让每个人都畅所欲言。讨论时间大致视人数而定,每个人占 10分钟左右。影响讨论氛围的因素取决于三点:一是主持人心中有否提纲。有了提纲,就能有效地控制讨论范围,如果讨论不热烈,则扩大题材;如果讨论离题太远,则及时收拢话题。二是小组中有没有带头人。一个讨论会,事先找几个人作些准备,更利于加强讨论气氛。三是讨论的主题是否被参与者所熟悉、所关心。因此,优秀的主持人将会努力发现这两者的联系,以激发参与者的热情。一次好的讨论会,将会集中大家的聪明才智,形成许多崭新的、统一的观念。

评比是对于某个标准进行相互比较的过程。有先进人物评比、先进组织评比、优秀成果评比等。评比中所参照的标准,就是组织所提倡的观念。因此,通过评比可以广泛地在群体中形成某个美好的观念。评比贵在客观公正,要有量化的指标。只有这样才能有效地表扬那些符合高标准指标的员工,才能引导没有评上的人产生赶超先进的动力。一旦评比流于形式,或缺乏量化指标,或有失客观公正,那就是引导失误。有一则故事说的是,有一支跑步运动队,队员习惯于在起跑时,用脚绊倒其他队员,而让自己先于他人起跑。结果,队员们的摔跤技术大幅提高,而跑步技术却大大减退。试想,这样的运动队还能在更大范围内参加比赛吗?在评比活动中,常用的方法是"抓两头促中间",即重点评比群体中的先进代表和落后代表,并分析其形成的原因,使积极的行为成为大家学习的榜样,使消极的行为成为反面教材。一正一反,一扬一抑,从而树立正确的观念。

动员是管理者针对某项工作任务,要求员工集中精力在特定时期内完成之的发动过程。其关键是统一对任务的意义的认识,统一完成任务的时间,统一对质量的要求,统一群体的力量。动员的方式有领导作动员报告、确定口号、张贴标语、开誓师大会等。

参观是通过观看其他组织的成果汲取有关经验的过程。在参观过程中,参观者虽然不是直接做自己的工作,但可以确立许多有用的经验。正所谓"他山之石,可以攻玉"。

二、转化观念法

观念转化法,是使对方接受正确的观念,并以正确观念纠正原有的与之相抵触的观念。观念转化法针对性强,常常用来转化个人的某种观念。由于个人的素质不一,因此,具体的人要具体分析,以最适宜的方法加以灌输,才有最佳的转化效果。

在管理工作中,常用的转化观念法有:对比法、寓理法、钝化法、迂回法、现身说法、协调法、热处理、冷处理。

1. 对比法,即通过正反面的典型事例比较、发展前发展后的比较、新事物与旧事物的比较,使员工形成孰是孰非的观念、提高孰优孰劣的鉴别能力,从而接受正确观念。对比法常用于注重实际的员工身上,对于思辨性强、善于辩论的员工则不宜采用。

2. 寓理法,即通过叙说往事、故事、典故,将道理寓于其中,使之明白道理。这是一种使正确观念更加贴切于受教育者而精心设计的方法,使对方在谆谆诱导之中接受正确观念。

寓理法常用于自尊心较强、悟性较高的员工身上,如果对这类员工直接指出其观念不妥,往往会损伤其自尊心,而减弱灌输效果。寓理法常用于不将对方的观念明显指出来,管理者只是通过自己的体验加以判断。

　　某班长工作积极,成绩显著,受到组织表扬。主任认为他有点得意忘形,但他的自尊心强,而且并不明显地降低工作热情,因此,不宜直接指出。两人在办公室商讨如何进一步开展工作,主任借机讲了"景差相郑"的故事。

　　春秋时期,景差任郑国的相,成为最高管理者。在一个大雪纷飞、冰冻三尺的日子,景差出府了解民情。路过一条河时,见对岸有一老人破冰涉水而来,景差连忙停车等待。等老人上岸后,景差吩咐车夫把老人扶上马车,把自己的裘衣穿在老人身上,把老人送回家。此事传开,大家很佩服景差。但是,也有人认为此举只是百姓所为，不值得称颂。只有建好桥，才足以造福百姓。

此时，主任转到工作上来，与班长总结经验，布置工作。班长深受启发，"再接再厉"的正确观念随之形成，自满情绪不击而退。

3. 钝化法，即对方观念严重错误，心理紧张时，为了防止意外，先缓解其紧张心理，再予以正面教育的方法。

例如，有位员工心情不好，正想摔生产工具时，被主任看见，顿感紧张。这时，主任不是急于批评，而是先问清有何不快，予以开导。然后，指出爱护生产工具的重要性，从而使这位员工扭转不愉快心情，不随便破坏生产工具。

4. 迂回法，即采用间接的、侧面的方法指出或暗示对方的错误观念，并提出正确观念使之接受的方法。

由于对方的观念往往有其依据或占有情理，如果正面接触，容易引起不必要的争议，因此，管理者既要避开锋芒，又要达到转化对方观念的效果。最佳的方法就是迂回法。

二战结束了，英国首相丘吉尔召开了记者招待会。有一女记者责问他："别以为你功劳很大，在你领导期间，全国到处停电停水，人民苦不堪言，你将如何负责任？"丘吉尔以和缓的语气说："这位女士，你先听一则故事。有一渔夫在海浪中救了一个男孩，第二天，当渔夫到城里卖鱼时，一位女士抓住他不放，问他是否就是救她儿子的渔夫，渔夫说，'这是小事。'而那位女士却说，这怎么是小事？她儿子昨天戴的帽子是她花了很多材料很多精力而编织的，到哪里去了呢？大有叫渔夫赔偿之意。"说着，丘吉尔问女记者："请问这位女士，渔夫没有捞起那顶帽子，要不要负责任呢？"女记者满脸通红不再责备。因为，女记者通过丘吉尔的迂回法，形成了新的观念：战争时期，主要任务是战胜法西斯，停水停电是敌机造成的，哪能像和平年代，足以保证呢？

试想，如果丘吉尔直接与女记者争论，女记者肯定是有备而来，举出一系列数据、一系列实例，那么，不仅女记者的观念不能改变，而且，必将破坏记者会的原先目的。

5. 现身说法,即教育者以自身以往的一些经验教训作为实例,教育与鼓励对方接受正确观点的方法。在关系密切的双方之间,可以将心比心,使对方感到教育者的诚意,从而达到最佳的教育效果。

6. 协调法,即允许对方有一段相当长的时间,让对方逐步接受正确观念,逐步改变不适当观念的方法。

在改革开放时期,社会发展要求人们不断地更新观念。但是,这是一个复杂的长期的过程。若干不适当观念不可能一个文件、一个晚上就能破除。因此,管理者需要保持头脑清醒,采用协调方式,在逐步接受正确的新观念的同时,不断地改造旧观念。

7. 热处理,即先造就积极的教育氛围,使对方处于一种激励状态,并及时灌输正确观念的方法。

某集体得到了上级的嘉奖,群情激奋。此时,管理者可以对群体提出更高的要求,同时,也可趁热打铁,找一些属于消极一类的员工谈话,提出一些具体的意见,使其为了集体荣誉而转变一些不正确观念。

8. 冷处理,即先造就利于思考的教育氛围,使对方处于一种内省状态,并及时灌输正确观念的方法。

此法恰好与热处理相反,当群体在某次竞赛活动中名落孙山时,群体就会处于一种消极的氛围之中,这时,也正是适宜于冷处理之际。管理者可以引导群体或个体进行反思,转变原先的旧观念,接受正确观念。

三、批评的艺术

"批"的原意是指对行为和事件的分析;"评"的原意是对行为和事件分析后作出的评价,因此,批评的意思就是对行为和事件作出分析评价的过程。但是,在习惯用法中,批评主要是指对错误的行为和事件不足之处作出分析、作出相应的评价和建议。

在工作中,对员工违背规章制度的行为进行批评纠正,对于管理者来说,是经常的工作,也是体现管理艺术之处。

管理者要针对不同的场合、不同的员工采用不同的批评方法,方可取得最大的批评效果。常用的批评方法有以下五种:触动式批评、逐步批评法、开门见山批评方法、商量讨论式批评法、参考仿照式批评法。

1. 触动式批评,这种批评方法,通过行为和语言,指出对方的缺点,使对方感受到强烈的震撼力,从而达到使之彻底悔改的效果。这种批评方法适宜于纠正不良后果明显的缺点。触动式批评可以是措辞强烈,也可以是不用言词。只要达到触动效果就可以。

2. 逐步批评法,即对于一个人的多个缺点不是"一锅端",而是先治好一个缺点,再治另一个缺点的方法。如新的员工往往存在多方面不足之处,这时,如果一下子就数落他的全部缺点,就会挫伤他的自尊心。因此,适宜采用逐步批评法。

3. 开门见山批评方法,即发现一个人的缺点后,直截了当地提出批评意见的方法。这种方法的前提是接受批评的员工具有较强的接受能力、较开朗的个性,或者与管理者之间有较密切的关系;适宜于亟须改正的缺点。其特点是能使受批评者及时改正缺点,免除不良后果的产生。但是,这种方法容易"伤感情",因为,这种批评不顾及场所的氛围,而且往往不顾及语气,如果旁人较多,对方会感到没面子,下不来台。

4. 商量讨论式批评法,即对于错误不明显、部分有理的行为,以分析的态度,详细区分优缺点,指出不足之处的批评方法。由于部分有理,如果不加区分就加以概括性的批评,就会使对方不服。另外,当自己对情况的细节不是很了解时,对于其缺点也适宜这种批评方式,以免自己说过头的话。

5. 参考仿照式批评法,也称间接批评法,它与开门见山相反,是一种通过其他类似的情况,使对方进行比较,进行自我鉴别,从而认识缺点、自觉改正的方法。当对方对自己的缺点认识不充分、自以为有理的情况下,适宜于此种批评方法。

第五章 PAC 人际交往心态理论

第一节 PAC 人际交往心态理论简介

一、人格结构分析理论

加拿大心理学家柏恩（T. A. Berne）于 1964 年《人们玩的游戏》一书中，提出人格结构分析理论（简称为 PAC 理论），研究了人际交往中的心态问题，并提出了 PAC 理论。

人际交往的信息可分为两大部分：一是信息的内容，二是传递信息的情感。根据交往信息的内容与情感，交往心态基本可分为三大类："PARENT"心态、"ADULT"心态和"CHILD"心态构成（简称 P 心态、A 心态和 C 心态）。P 心态以 P 和优越感为标志，也称为 P 心态；A 心态以客观和理智为标志，也称为 A 心态；C 心态以无知和冲动为标志，也称为任意心态。

柏恩认为，人格中的三种心态以三种类型组合。一是三种心态分别独立存在，互不干扰。二是两种心态部分重叠，第三种心态独立存在，如 PA 型心态，表现为成见；AC 型心态表现为妄想。三是两种心态部分重叠，缺乏第三种心态，这时的 PA 型心态，表现为固执偏见；AC 型心态表现为专横无度。

当两个人交流信息时，会出现复杂多变的沟通心态。如双方都是以 P 心态交往，此时就为 P—P 型。与此同理，还有 A—A 型、C—C 型、P—

A 型、P—C 型、A—C 型。如双方都是以混合型心态出现，就会出现 AA—PC 型、AA—CP 型等等。

PAC 理论具有很高的理论意义，为研究人际交往心态提供了一种很好的指导思想。这个理论的特点在于肯定了人际交往中心态起到了重要作用。但是，PAC 理论的缺点也是很明显，即由于太复杂、太理论化而缺乏操作性。例如，从理论上看，PA 心态表现为偏见，但是，在实际中就很难得到这样的结论。因为，理论上认为是重叠，而这种重叠是十分抽象的概念，在实际中，不仅不可能用这样的概念去判断一个人，而且，即使这个人明显具有"偏见"的特征，也很难分析出 PA 重叠程度。

二、PAC 人际交往心态理论

作者于 1995 年，把 PAC 人格结构分析理论修改为"PAC 人际交往心态理论"，其主要内容是：

1. 每个人在人际交往中都受交往环境、交往氛围影响，都会产生一种情景心态，即没有预先确定的、受情景的特定因素刺激而形成的心理倾向。这种心理倾向对人们的行为起到十分重要的作用。它将作为一种潜在的力量，引导人们产生满足情景需要的动机，从而产生满足情景需要的行为。这种情景心态的特点是：引导性、调控性。

2. 人际交往中，个体只具有三种交往心态，即 P 心态、A 心态和 C 心态。这三种不同心态所发出的交往信息具有不同的特征，这些差异主要表现在信息内容与信息情感两个方面。

P 心态　所发出的交往信息，其内容具有合理性，即符合交往的实际情况；其情感却是命令式，即给人一种较为强烈的、严格的要求，要求对方无条件地按照自己所发出的信息内容去做。依据交往双方的人际关系、P 信息发出者的社会地位与对方相比之下的高低情况、P 信息接受者的接受情况，可将 P 心态可能得到的效果列表如下：

	1	2	3	4	5	6	7	8	9
双方关系	良好	良好	良好	一般	一般	一般	较差	较差	较差
社会地位	较高	相当	较低	较高	相当	较低	较高	相当	较低
接收效果	全息	内容	内容	全息	情感	情感	内容	情感	情感

A 心态　所发出的交往信息，其内容具有合理性，但是，其情感是协商式，即以征求意见的情感提出信息的内容，给人一种较为民主的要求，要求对方考虑自己所发出的信息内容，希望对方履行之。依据交往双方的人际关系、A 信息发出者的社会地位与对方相比之下的情况、A 信息接受者的接受情况，可将 A 信息的交往效果列表如下：

	1	2	3	4	5	6	7	8	9
双方关系	良好	良好	良好	一般	一般	一般	较差	较差	较差
社会地位	较高	相当	较低	较高	相当	较低	较高	相当	较低
接收效果	全息	全息	全息	全息	全息	全息	全息	全息	情感

C 心态　所发出的交往信息，其内容具有任意性，即不是从交往的实际情况出发，而只是凭自己的主观臆测、随意想象作为信息内容。其情感也是任意发挥的。

C 心态的动机是：不重视事情本身的事实，而任凭自己的心情评价事情、处理事情。

C 心态的交往效果：当 C 心态对事件的任意处理是朝着良好、愉悦的方向发展时，交往效果往往表现为幽默、欢快、轻松的融洽氛围。反之，当 C 心态对事件的任意处理是朝着不良、不愉悦的方向发展时，交往效果往往表现为争吵、恼怒、不和谐的不融洽氛围。

当交往处于融洽氛围时，交往中的信息内容表现为对事件本身的良性渲染，但是，正是这种渲染，促使事件本身朝着良好的方向发展，而双方传递信息的情感也表现为越来越合拍，越来越密切。

当交往处于不融洽氛围时，交往中的信息内容表现为对事件本身的恶性渲染，于是，这种恶性渲染促使事件本来的面目越来越模糊，双方传递的信息内容也变得越来越远离事件本身，即越来越"离谱"。而双方传递信息的情感就表现为越来越不合拍，越来越不和谐。

不管双方关系如何，不管双方社会地位如何，C 心态都是可能产生的。交往效果只取决于信息内容的性质、信息情感的引导。

3. 在人际交往中，双方的交往心态具有对应性，但是，在应答时具有调节性。即甲乙交往时，若甲以某种交往心态发出信息时，乙必然形成与甲相同的心态；此时，乙可以采取与甲相同的心态反馈信息，也可以中止这种与甲相同的心态，而主动调节到另一种心态发出信息。

4. 在人际交往中，个体的 PAC 三种心态可以相互转化，但不存在某两种心态的重叠。心态转化是一种心态失去主导作用，而另一种心态成为主导心态的过程。这种转化可以频繁地、反复地产生，但不是两种心态的互相重叠。换而言之，心态的主导地位只能容下一种心态，而不能兼容两种心态。

5. 任何一种交往心态，若用得适宜，则使交往朝着和谐的交往方向发展，这时的心态就属于良好交往心态；反之，则会构成人际冲突，形成不良后果，这时的心态就属于不良交往心态。

6. 人际交往中的心态对应。人际交往中有对应的关系，即双方总是用相同的心态进行交往。这种对应关系主要有三类，可用字母表示为"P—P"交往、"A—A"交往、"C—C"交往。

7. 交往心态的转换。交往心态的转换有下列 6 种情况：

1)P—P→A—A，即双方在 P—P 交往中，一方转换为 A 心态，从而形成 A—A 交往。这种情形往往发生在业务谈判中，开始时，双方各执己见，在一定的理解基础上，出现了通情达理的沟通。

2)P—P→C—C，即双方在 P—P 交往中，一方转换为 C 心态，从而形成 C—C 交往。这种情形往往在双方态度生硬的论理中，出现不良 C 心态，而转移了交往主题，造成不良交往。（详见下节）

3)A—A→P—P，即双方在 A—A 交往中，一方转换为 P 心态，从而形成 P—P 交往。这种情形往往出现在达成一致意见时，为了强调下一步的合作而出现 P 心态。

4)A—A→C—C，即双方在 A—A 交往中，一方转换为 C 心态，从而形成 C—C 交往。这种情形往往是在任务完成后，新的任务没有开始之际，双方表现出放松的心态。

5)C—C→P—P，即双方在 C—C 交往中，一方转换为 P 心态，从而形成 P—P 交往。这种情形视 C—C 交往的性质，可分为良性的 P 心态转换与不良的 P 心态转换。

6)C—C→A—A，即双方在 C—C 交往中，一方转换为 A 心态，从而形成 A—A 交往。这种情形和第一种情形一样，都出现 A—A 交往，因此,是属于成功心态的转换,意味着交往成功的开端。

以上 6 种交往心态的转换模式,在管理中,追求第一种与第六种转换模式,因为这两种转换出现了 A—A 交往,可以取得成功交往。在日常生活中,因为每种心态都是一分为二,或优或劣,所以,要依具体情景判断可能出现的交往效果。

第二节　PAC 理论的运用与发展

人际交往的过程,就是信息交流的过程。信息的类型有三大类:口语、体态语和书面语。

张三如果要把一个重要的内容传给李四,那最好是采取哪类信息作为载体呢? 预算胜多则胜多,预算胜少则胜少。那就要依据对方的种种特征精心策划。

一、三大类交往信息

1. 口语

(1)口语的三大特点

如果张三决定用口语把重要的内容传给李四,那就面临三大特点:直接、广泛、模糊。

从交往方式来看,只要双方语言相通,听懂对方的话,那一张口就能交流信息了,这就是直接。

从交往内容来看,大到国家大事,小到个人小事,全都可以口语交流。这就是广泛。

从内容传递的效果来看,张三想把重要内容 1、2、3 传给李四,而李四的接受内容是不是 1、2、3 呢? 未必,很可能是 2、3、4,漏掉 1,自己加了 4。这就是模糊。

口语交流中,之所以模糊。那是因为李四在接受张三的内容时,是一个猜测的过程。55%是从张三讲话时的脸部表情猜测的,38%是从张三讲话时的语气来猜测的,两者加起来就是 93%。只有 7%是从张三的遣词造句中理解的。因此说,人际交往是一门艺术,管理是一门艺术。

55％的脸部表情与38％的语气,就是口语交往的艺术所在。

艺术是表演,因此,尽管内心不高兴,"剧情"要求高兴,就必须表演出高兴;反之,尽管内心很高兴,"剧情"要求发火,就必须表演出发火。

(2)如果张三的93％表演完美,令李四猜测很准确,那就是理解,其余的7％就可有可无。

解放初,前苏联政府派出芭蕾舞代表团到北京庆祝新中国成立。偌大一个北京城,在战后却没有像样的芭蕾舞舞台。周恩来总理一声令下,限期搭建临时舞台。

那天晚上就要演出了,上午周总理前往视察临时舞台。20位工作人员和舞台监督跟随周总理。一路上,尽管周总理没说一句表扬的话,大家的心情都很高兴。因为,周总理一路春风,满脸微笑。55％的信息告诉大家,总理很满意。

周总理又快步登上舞台,绕舞台认真察看了一圈。舞台监督在舞台下面,自己对自己开玩笑:"周总理要表演什么节目呢?"

等到周总理转过脸时,舞台监督大吃一惊,他从来没有看到过总理这么严肃的表情。55％的脸部表情已经发火了。

出问题了,什么问题呢? 舞台监督还没理清头绪,周总理一句话传来,38％的语气十分严厉,7％的词句只有4个字:"拿锄头来!"舞台监督连忙拿锄头送上舞台。

到舞台一看,舞台监督就作好心理准备,让总理狠狠骂一顿!

只见一枚钉子从舞台正中央向上钉,有半公分露在舞台表面,在灯光下闪闪发光。芭蕾舞的鞋很薄,相当于赤脚跳,哪个演员一不小心踩上,岂不造成大事故?

没想到,周总理虽满脸怒容,却一言不发,把锄头拿过去,亲手把钉子处理好。处理好以后,还是一言不发,满脸怒容地走掉了。大家跟上去送走总理后,马上跑回来把舞台地毯式地检查一遍。

那天晚上演出很成功,舞台监督却在床上一个晚上没睡着,翻来覆去地在想周总理通过神情与动作传达出来的话,那就是"你们要仔细一点!""你们要仔细再仔细!"这些话,周总理其实都没有说。

舞台监督一个晚上想得很透彻。连忙拿纸笔,把"拿锄头来"四个字写成一条横幅,挂在床边。

舞台监督在纪念周总理逝世一周年的时候,把这段往事写成一篇文章发表出来,最后一段他是这样写的:"凭周总理'拿锄头来'这四个字,在今后20多年中,我再也没有在工作中出现过任何一点点错误。"

周总理的口语水平真是达到了炉火纯青的地步,一句话四个字竟让一个人受用一辈子!

(3)如果张三的93%表演不当,令李四猜测错误,那7%无论怎么准确,误解也是不可避免。

石老头60周岁过生日,请了100多人来吃饭。开饭时间临近,还有三分之一的客人没到。石老头急得很,55%很恼火,38%很生气,7%是清清楚楚:"怎么回事! 该来的还没来!"说完走入厨房。

客人们想,"该来的还没来,那我们是不该来的?"一半人离席而去。

石老头走出来一看,大吃一惊,人不仅没多,反而少了一半。55%更恼火的样子,38%更生气,7%还是清清楚楚:"怎么回事! 不该走的怎么走掉了!"说完走入厨房。

留下的客人们又想,"他们不该走,那我们赶快走!"大多数人离席而去。

2. 体态语

体态语分为两大类:礼仪与行为习惯。

(1)礼仪

礼仪分家庭礼仪、社会礼仪和职业礼仪。体现职业礼仪是对法人、组织、团队的基本要求。

职业礼仪具有双向性,既要求工作人员遵守相应的礼仪,又要求顾客遵守相应的礼仪,目的就是营造美好的工作环境,让工作人员发挥出最好的工作水平。

职业礼仪的形成有三大原则:不同的职业有不同的礼仪,这是职业原则。同一行为在一般情景下没有礼仪的要求,但在某种情景之下,却纳入礼仪范围,这是情景原则。在特殊情况下,与客户利益有冲突时,工作人员为了保护客户利益,可以不遵守相应的礼仪,这是服务至上原则。

职业礼仪具有四个作用:通过美好的礼仪,塑造群体的美好形象;通过美好的礼仪,产生有效的广告效果;通过美好的礼仪,提高客户的心理兼容度,通过美好的礼仪,提高群体的竞争力。

职业礼仪具有五个特质:敬、善、诚、信、美。通过礼仪,务必要让对方心目中感到这五个特质,否则礼仪只能称为机械的行为。

肖总:"有些客户有时心胸很广阔,有时却心胸狭窄。同一个人,为什么有那么大的不同?"

黄老师:"从礼仪角度来分析,如果接待人员有三个以上的礼仪举止令客户不满意,客户的心胸会变得狭窄;如果一路上,礼仪让他很满意,客户的心胸会变得广阔。"

肖总:"这是什么原因呢?"

黄老师:"这是礼仪的重要作用。当心胸广阔时,他的兼容度增加,你说1,他会接受;你说2,他也乐意。当心胸狭窄时,他的兼容度减少,你说1,他会鸡蛋里面挑骨头,要求2;你说2,他要求3。"

肖总:"职业礼仪中主要有哪些内容?"

黄老师:"职业礼仪主要内容有:仪容、仪表、言谈、举止。"

(2)行为习惯

行为习惯是风俗习惯在个人身上的具体体现。风俗习惯是上百年甚至是上千年的传统文化的体现。

当前,交通工具空前发达,来往十分方便,整个世界被称为"地球村",但风俗习惯的改变是很慢的,因此,在接待远方来客时,要尊重他们的风俗习惯,以免产生误解。

如果尊重对方的风俗习惯,对方会很高兴。

来询者:"我有一个日本客户,正在发展之中,对方带来了一些礼品,那我用什么还礼比较好?"

　　黄老师："送一对红木乌龟。他们比较喜欢的。"

　　来询者："对方会不会生气啊?"

　　黄老师："传统文化不一样,意义不一样。在日本,乌龟是吉祥物,千年乌龟,象征着长寿。"

　　来询者："我有幅《松鹤图》,可以送吗?"

　　黄老师："最好从侧面先问一下他们对鹤的看法,是不是与我们的理解一样。我们的传统文化把鹤理解为千年仙鹤,是长寿的象征。但是,现代生物学认为,鹤的生命极限是50年。"

　　第二天,来询者："送给他们红木乌龟,他们很开心。"

　　黄老师："有没有送《松鹤图》?"

　　来询者："问他这方面的看法,似乎对鹤的兴趣不大,就不送了。"

如果与对方的行为习惯有冲突,对方会形成难解的"心结"。

　　单总经理："台湾老板这么不讲信用! 本来说是愿意与我合作,投资三千万人民币。今天下午却走掉了,说也不说一声。"

　　黄老师："他们来了又走掉?"

　　单总："是的,来了,带了五个人来。"

　　黄老师："很准时?"

　　单总："来的时间是很准时的。"

　　黄老师："从这一点来看,是讲信用的。之所以不辞而别,可能是中间环节有问题。"

　　单总："还没有开始谈判呢,哪有中间环节?"

　　黄老师："比方说,吃一餐饭、招待过程都是中间环节。"

　　单总把六位接待小组的成员叫过来,让他们作汇报。

　　小组长："单总,我们是很热情的。看到他们脸上有点汗,就送给他们每人一条崭新的、最高档的毛巾。"

　　黄老师："送毛巾要分场合的。按照台湾的风俗习惯,只在一种场合下,客人一到,主人就送新毛巾,那是追悼会上。"

　　单总："难怪! 台湾老板投资三千万是来赚钱的,你给他的一个信息是来奔丧。那还不气走?"

　　黄老师："问题不是很严重。如果在谈判过程中,由于利弊冲突气走,很难请回来。现在无非是心理冲突,你也带五个人赴台湾,带一些被台湾老板认为是很吉利的东西,合作还是会有希望成功的。"

3. 书面语

书面语是白纸黑字的资料,可供反复理解、反复斟酌,作为备查资料,在管理上,也便于分清责任。

虞总经理正与黄老师探讨问题,由于突然要召开紧急高管会议,于是也请黄老师列席参加。

虞总:"叫你们生产一万台,你们怎么只生产一千台呢? 研发经费怎么能收回来?"

虞总的公司刚研发出第六代新产品,虞总决定生产一万台,同一时间在全国各个销售点投入市场。预计三天卖光,收回研发经费。可是,只生产了一千台,一个上午就卖光了。等到别的厂家仿制品出来,价格就很低,研发经费就很难收回。为此,虞总在会上很生气地批评了两分钟。

等虞总批评结束,生产厂长说:"虞总,我出去一下。"一分钟后,生产厂长带了一个文件进来。此时研发部长正在发言。生产厂长走到虞总身边,悄悄地说:"虞总,你看一下。"虞总一看文件,顿时满脸通红。

虞总:"研发部长,你先停一下。各位! 刚才批评你们的话,我全部收回,我承担全部责任。"原来,在文件上有虞总的亲笔签名:下料 1000 台。少了一个 0。

黄老师:"虞总,下次用大写就不会出错了。"

材料部部长:"虞总,少一个 0,我们还能做。如果多一个 0,我们就惨了。"

虞总:"这是一个沉痛的教训。幸亏有文件在,否则,我肯定是以为你们搞错了,尤其是生产厂长。下次,我会注意了。"

另外,需要强调的是,在某些情况下,书面语要注重表达内容和情感。内容上要表达清楚,情感上要表达充分。书面语表达时要求词义准确,没有歧义,要避免同音字混淆,避免写错字。

二、PAC 交往心态

1. P 心态

P 心态用于紧急场合。

在紧急场合，往往是或者即将发生不良后果，或者问题很严重，因此，语气要严肃，包括面部表情也要严肃，不要让别人以为是随便说说。

句子当中尽量加肯定词，"务必"、"必须"、"一定"、"肯定"、"非……不可"，都是肯定词。

适当地运用 P 心态，会树立起权威。这里所说的"权威"不是让对方怕自己，而是一声令下，对方能大大提高完成任务的责任感和紧迫感。

如果管理者在员工面前，几十年如一日，不用 P 心态。员工会说上司好，但是，管理者会缺乏权威，不是优秀的管理者。

如果父母亲在子女面前，几十年如一日，不用 P 心态。儿子会说父母好，但是，很多重要的话，都会成为"耳边风"，不是优秀的父母亲。

在常规场合，如果出现不良 P 心态，对方会出现逆反心理。逆反心理有两种表现，一种是显性的逆反心理，面对面、不顾一切地争辩；另一种是隐性的逆反心理，表面服从，内心反抗。

> 据《礼记·檀弓下》记载："齐大饥，黔敖为食于路，以待饿者而食之。有饿者，蒙袂辑屦，贸贸然来。黔敖左奉食，右执饮，曰：嗟来食！（饿者）扬其目而视之，曰：予唯不食嗟来之食，以至于斯也。从而谢焉，终不食而死。"

在这则故事中，黔敖对饿者以 P 心态发出信息，其内容是合理的，其情感是命令式的。而饿者接收了其命令式情感后，也随之产生了 P 心态，这也就是"逆反心理"。于是，饿者拒绝了黔敖的好意，宁死不食。这是显性的逆反心理。

如果滥用 P 心态，对方似乎很服从，但是缺乏责任感和紧迫感。这是隐性的逆反心理。

> 有位父亲不善言语，对儿子说话时，一直来总是面部表情十分严肃，语气十分威严。在一次割稻子时，父亲的左手中指被割破，血流如注。连忙用左手的大拇指紧紧按住伤口。父亲伸出左手叫儿子"包一下"。儿子找来一块布、一根线，明明看到中指

有血，不包，却包扎直指着他的食指。包好后，其父一看，恼火至极。说他不负责任！儿子说："你食指递给我，我就包食指喽。"这位父亲无论什么事情都是 P 心态，儿子看上去"百依百顺"，却仅仅是表面接受，你说一就一，你说二就二，内心中根本没有以认真的、负责的态度予以执行。

2. A 心态

A 心态用在常规场合下，应语气和缓，尽量加上附带语。

我们把语气比作"千层饼"，因为语气的含义非常奥妙。语气不一样，对方的理解就会有很多的差别。同样用"好"字回答，和缓的语气，对方理解为"同意"；匆促的语气，对方理解为"不耐烦"；不高兴的语气，对方理解为"失望"。

不同的工作岗位，对语气有不同的要求。例如，传呼中心传话员的语气非常和缓。因此，要根据岗位的要求，严格作语气的要求。

何谓附带语？顾名思义，那就是附带在一句话后面，没有实质性内容，仅仅表达协商式情感的话，比如，"好不好"、"行不行"、"怎么样"、"你说呢"、"有没有"。假如你是上司，你对秘书说："你请几个人来把桌子围成椭圆形，明天上午要开个座谈会，好不好？"这个"好不好"显然不是在征求秘书的意见，而只是为了增强协商式的情感而已。

A 心态令对方大大地提高完成任务的自觉性，双方之间会形成一个和谐的交往氛围，所以说，A 心态是美好的交往成功心态。

问题是，A 心态能否用在紧急状态下呢？答案是"不能"。紧急状态如果用错 A 心态就会贻误时机。

某领导："黄老师，150 名大队长在杭州集合培训一个半月，请你上四天的课，行不行？"黄老师欣然答应。

上课地点是在很偏僻的郊区，宾馆刚刚建好。会议室还没有装修，只好在宾馆的舞池里上课。没有课桌，没有讲台，没有黑板，更没有多媒体。

黄老师："领导，要上四天课呢，黑板总要有一块的。"

只听两位大队长的声音从老远传来："这么重，抬不动。"

黄老师心想："黑板那么轻，我一个人就拿得动，怎么两个大队长还抬不动呢？"

原来，这是一块八十年代用过后一直被闲置的巨型黑板，有三米多长，全部都是用五公分厚的实心木头做成。难怪两个大队长还抬不动！

这块黑板勉强放在架子上，看上去似乎还不是很稳。

领导："黄老师，勉强放好了，你自己要小心一点，不要让它倒下来。"

黄老师试写了一下，然后下定决心一个字都不写，要是黑板倒下来，那太危险了。

一连三天黄老师不写一个字，到了第四天，黄老师讲得正兴起，在黑板上写了几个字，刚转回身，黑板摇摇欲坠，可黄老师毫不知情。幸亏前排的吕大队长一个箭步冲上来，大喊一声："黄老师，赶快逃！"

听到吕大队长的喊话，加上他严肃紧急的脸部表情，平时跑步很慢的黄老师，此时飞快地逃了出去。吕大队长眼疾手快，冲上讲台用手一挡，黑板垂直落地，大家虚惊一场。

试想，如果这种情况下吕大队长用 A 心态就麻烦了："黄老师，躲一躲，好不好？"那黄老师肯定被压在黑板下面了。

3.C 心态

C 心态通常用在工作之余，在内容上可以任意发挥。任意发挥的方法有两种：夸大其辞；转移主题。在 C 心态下，双方会形成轻松、愉快、幽默的交往氛围，一天的工作疲劳荡然无存，所以我们称 C 心态为"调节心态"。

（1）夸大其辞

夸大其辞时，如果夸大对方的优点，对方会很开心的。

黄老师："小胡，你的妻子不仅人长得漂亮，而且很会做家务，真是难得呀。"

小胡："我们刚结婚时，双方都不会做饭。后来买了电饭煲，妻子自告奋勇学着炒菜。一开始每次菜都炒得很难吃。要么烧焦，要么没烧熟；要么没放盐，要么放两次。但无论她烧得多少难吃，我都吃得津津有味，一边吃一边夸奖：真好吃！夸奖了半年，家务就被她包了。"

相反，如果夸大对方的缺点，很容易引起对方争吵。

（2）转移主题

当对方提出不适当的问题时，自己正面回答，就容易将不能说的秘密泄露出去，这样是很不妥当的，因此正面回答是行不通的。但是如果不回答，又显得不尊重对方，会冷场。此时转移主题是较好的应对方法。转移主题是一种艺术：对方说东，自己说西；对方说马，自己说牛，所谓"风马牛不相及"。同时，令对方自知问错问题，又能化解尴尬。

外宾："周总理，贵国的国库里一共有多少钱？"

周恩来总理："我们一共有18元8角8分钱。"

外宾："怎么是这个数目？"

周总理："10元、5元、2元、1元、5角、2角、1角、5分、2分、1分，人民币的币种加起来，就是这个钱。"

周总理幽默的回答引起对方和在场的人开怀大笑。

同时要注意，如果转移到对方很难受的话题上，就会引发争执，这样的状况是要极力避免的。因此，要艺术性地转移主题。

三、"A—A"成功交往模式

"A—A"交往，也称为成功交往模式。前面的A是自己的A，后面的A是对方的A。双方都做到通情达理，满脸微笑，态度友好，语气和缓，再加上协商式的附带语，这样的交往心态是理性的，因而，也会达到成功交往。

在交往中，如果前面的A是对方的A，后面的A是自己的A，当然也是可以的，那就是对方以A心态与自己交往，自己很高兴，也用A心态对应。这种情况是最理想的交往情况，就不用探讨了。

问题是，自己在接待别人的时候，对方的心态很差，自己又不能拒绝他，这个时候就面临如何运用"A—A交往"的问题了。"A—A交往"告诉我们，在这种情况下，自己必须严格恪守良好的A心态，以自己良好的A心态调整对方、影响对方、控制对方，让对方的种种不良的心态逐渐消除，而将其良好A心态逐渐引导出来。一旦对方出现良好的A心态，那就可以朝成功交往方向发展。因此，"A—A交往"是成功交往的模式。

大学生小方是学市场营销专业的，最后一个学期，按照学校的要求，去商场实习。商场领导分配她做卖皮鞋的营业员。

小方很高兴，总算要开始做生意了。第一天上班，一个上午快过去了,却一笔生意都没有做成。小方出现了不良 C 心态,心底里埋怨专业学错了,埋怨市场怎么那么难做,担心自己以后怎么谋生。

正在这时候,一位文质彬彬的男士走过来。

男士:"小姐,我想买双高档一点的皮鞋,有没有?"

这句话是良好的 A 心态,小方的心态很快被他影响,瞬间,从不良 C 心态转换为 A 心态,热情地为他做参谋。这时,一位大妈拎着一篮菜,匆匆忙忙走来,急于买双皮鞋后回家烧饭。她等了片刻,见小方还没搭理她就开始不耐烦了。

大妈:"小姐,上班时间,你谈什么恋爱!我等了老半天,也不过来招呼一下。"

这句话显然夸大其词,只有半分钟左右,却说成是老半天;这句话显然转移主题,小方与那位男士在买卖皮鞋,是工作关系,怎么转移成谈恋爱呢?所以这位大妈此时是不良 C 心态。

小方原先用 A 心态与男青年顾客交往,一听到大妈的话,马上被不良心态所控制了。

小方正想说:"你眼睛瞎呀!"

对方的眼睛那么好,怎么说是瞎了呢?这是不良 C 心态!幸亏小方学过 PAC 理论,意识到这是不对的,马上把刚到把嘴边的话给收了回去。

小方:"你眼睛长在后脑勺呀。"

这次,瞎是不瞎了,但是位置搞错了。好在两句话都被她控制住,小方的优秀素质起作用了,猛然间想起一句话:非期望行为——忽视它!这位大妈的行为一不违法,二不违纪,仅仅与自己的期望不一样,没有提起买皮鞋而已。这是非期望行为,必须无条件忽视它!想起这句话,小方的眼前豁然开朗,心中的委屈荡然无存。

小方:"这位先生,你慢慢挑。我那边招呼一下。"

小方一边走向大妈,一边想:忽视它!引导它!奖赏它!心中的交往目标清晰地出现在心中:引导大妈买皮鞋!走到大妈面前,小方满脸微笑,语气和缓。

小方:"大妈,你想买什么鞋呢?"

这就是她自己的 A 心态! 令小方出乎意料,大妈的脸部表情一下子变得很和蔼,语气也十分好听,话语更中听。

大妈:"哎,我要为我外甥买一双 35 码的跑鞋,有没有?"

这就是大妈的 A 心态! 两分钟,两个"A≡A 成功交往"形成,两笔生意都成交。在大妈要离开前,小方还忘不了第三句话:期望行为——奖赏它!

小方:"大妈,慢慢走,下次再来。"

大妈:"小姑娘,谢谢你,再见!"

人际交往中,A—A 的交往心态对应的是成功交往的内在机制。尤其是窗口服务岗位人员,如果能很自如地运用"A—A"交往,那这个单位的形象就会很好。反之,就会失去客户。

柳总经理:"看来,仓库保管员要换一个了。"

黄老师:"怎么突然想起来这件事?"

柳总:"这两个月,少了不少客户,我一直在找原因。今天听了这个道理,想起来了。两个月前,请了在农村的远房亲戚老柳来当仓库保管员。据他人反映,每当客户来拿货时,老柳总是要好几遍才能听懂客户的话,一旦听不懂,就说话语气很难听,要客户再说一遍,搞得有些客户很生气,不再来了。"

四、避免"P≡P—C≡C"不良交往

任何不良交往,必然有一个心态发展模式,那就是"P≡P－C≡C"。

张三一不小心太急了,用不良 P 心态与李四交往,李四一听,就产生强烈的逆反心理,也会很恼火地用不良 P 心态来对应。

李四用不良 P 心态对应,张三也产生了强烈的逆反心理,用不良 P 心态对应。

在这种情况下,若没有第三方劝解的话,双方的"P－P"交往会持续下去的,但是一般不会超过三个回合("P≡P"中间的三横表示三个回合)。

这个时候,总有一方会夸大其词,转移主题,转变为不良 C 心态。另外一方也会用不良 C 心态来对应。如果这时没有第三方来劝解一下的话,"C—C"不良交往也会持续下去,同样不会超过三个回合("C≡C"中

间的三横表示三个回合）。

严重后果会随之产生，而且往往是出人意料的后果。因此，通常把这样的交往叫做"好人办坏事"。分开来看，甲乙两个人原来都是好心，凑在一起，一不小心，心态不好，开始是"P≡P"，后来是"C≡C"，最后闹出大祸，双方都后悔莫及。

小方到黄老师处咨询离婚的事。

黄老师："你为什么要离婚呀？"

小方："那个畜生，不是人！"

黄老师心想：怎么把丈夫骂得这么难听呢？

小方："他把我的两颗牙齿都给打掉了。"

牙齿是全身最坚硬的地方，因此，牙齿被打断是属于严重后果。

黄老师心想：会不会是"P≡P — C≡C"呢？如果是，那就说明她的丈夫无预谋的，劝导她不离婚。反之，如果不是"P≡P — C≡C"，他丈夫很可能就是有预谋的，那就引导她迟离不如早离，免得发生更严重的不良后果。

黄老师："你先生是不是有第三者？"

小方说："不会的，我先生人很老实，很忠厚的。"

黄老师在心里暗暗地给她打了个满分。牙齿都被丈夫打掉了，还说丈夫很老实、很忠厚，说明她的心态很理性，这样的心态是很容易调整的，因此，给满分。

黄老师："那你们夫妻之间算不算是吵闹型夫妻呢？"

小方："什么是吵闹型夫妻？"

黄老师："吵闹型夫妻，就是经常吵架，经常打架的夫妻，特征是一个月至少打一次，一个星期至少吵一次，不吵不打很难受。"

小方："那不是的，我们结婚13年来，严格意义上说这次是第一次打。"

在没有第三者干扰的情况下，婚后6年第一次打架，可给3分；9年后第一次打架，可给4分；12年后第一次打架，可得满分。结婚13年以来第一次打架，当然是满分了。

黄老师："那你们那天为什么打起来呢？"

小方是某某厅某某处处长,北京部里过两天要来一拨人,由她的处负责接待。基本工作全部就绪,最后一道关要她亲自把关,头天晚上一直忙到七点半才下班。此时天已经是全黑了。

小方刚到家,读小学四年级的儿子从书房冲出来,一把抱住了妈妈,接下来的对话让小方很难受。

儿子:"妈妈,饿死了,饿死了。"

小方:"这么迟了,你现在还没有吃晚饭啊?"

儿子:"爸爸没烧,我没吃。"

小方二话不说到厨房间,五十分钟后四菜一汤就烧好了。儿子吃得津津有味,夫妻两个人面对面坐在餐桌两头,碗筷在手,却是有饭不吃,开始吵架。

小方:"这么迟了,还不给儿子弄点东西吃,你也太不像话了!"

这句话是很合理的,但是不良P心态,要是用A心态来说,她的丈夫就容易接受,会道歉的。但是小方用P心态,她的丈夫产生了强烈的逆反心理。

小方丈夫:"你又不是不知道,我不会烧,让我怎么烧!"

小方:"你不会烧,买总会买的吧,一楼这么多商店,什么东西都可以买点吃的。"

这句话心态还是很差,同时话也已经说到底,很多人都会被噎得一句话都说不出口。

小方丈夫:"我从五点半一直等,等到七点半! 就等你的电话,是你烧还是我买,可是你一个电话都没有,打你电话又是关机!"

夫妻之间两个"P—P"来回后,没有第三个回合了。儿子还小,也不知道该怎么劝解。

小方心想,自己这么忙,还要让你责怪,心里自然很不舒服。于是开始翻旧账,数落对方,离题十万八千里,当时吵什么忘记了。半个月前、三个月前、一年前……所有不高兴的事情都涌上心头,气得她言辞越来越激烈。突然,小方猛然之间"啪"一掌拍在桌子上,力气太大了,把餐桌上厚厚的玻璃板都震裂了。

　　如果她的丈夫懂得有关心理知识的话，本来完全可以把他妻子的心态调整回来的，暗暗告诉自己："非期望行为——忽视它！"妻子打破玻璃板，一不违法，二不违纪，仅仅与自己期望不一样，明天买两块玻璃板，一块现用，一块备用。不是很好吗？

　　可惜，她的丈夫不懂这个道理，看到此情景，手中的碗"呼"地就飞了出去，正好打到女处长的嘴上。

　　小方："我当时一点都感觉不到痛，只看到血流出来，就气呼呼的到厨房间去漱口。"

　　她的丈夫看到妻子流血了，跟进去道歉。

　　小方一漱口，吐出了两颗牙齿，便放声大哭。见此情此景，她丈夫脸色惨白。

　　小方丈夫："我错了！我错了！"他一下子跪在地上，顺手拿起一把菜刀，"是这只手把你的牙齿打掉的，我要把它砍下来。"

　　黄老师："是谁把菜刀夺下来的？"

　　小方说："是我把刀夺掉的。"

　　黄老师想：看来还是恩爱夫妻。

　　黄老师："小方，你丈夫确实是过头了，造成这么严重的后果才后悔，但可以确定他是无预谋的。"

　　小方："有预谋是不会的。"

　　黄老师："小方，你想想看，是离婚对儿子好呢，还是不离对儿子好。况且这么多年来你们还是很恩爱的。你把这个问题想清楚以后，我们再来探讨离婚的事，好不好？"

　　小方沉默了许久。看得出，她其实不想迈出离婚这一步。

　　小方："想通了，看在儿子的面上，饶他这一次。"

　　一个月以后，小方一家三口来拜访黄老师。她的丈夫看起来确实是很忠厚。

　　黄老师："你妻子不容易的，既忙单位的，又要顾家里，以后吵架可不能发这么大脾气。"

　　小方丈夫："黄老师，那一天我一点打人的想法都没有，手中的碗怎么飘出去都不知道。我已经向小方保证过了，我以后不会这么没谱了，后半辈子加倍补偿她。"

五、将不良交往转换为"A—A交往"

（1）对于非期望行为，用"忽视它！引导它！奖赏它！"

（2）如果对方出现"攻击"时，对于私人事情，用回避；对于公家事情，用转移。

（3）在"P≡P"不良交往中，双方都处于理智状态，无非是得理不饶人，语气出现问题，这时运用处理非期望行为的心态调整机制就可以了。

北京青年小杨到上海旅游，租了一辆没有牌照的自行车上街，被民警发现。

民警："小伙子，请你停车接受检查！"

这是内容合理的话，但是有点P心态，引起了小杨的逆反心理。

小杨："马路上这么多人，为什么你单单挑我？"小杨也是不良P心态。

民警："请你下车靠边接受警方的调查，出示你的自行车凭证。"

这也是内容合理的话，但有点P心态，又引起小杨的逆反心理。

小杨："这车是我租的。"

小杨又是不良P心态。

民警："请拿租车凭证交给我。"

小杨就地拿出租车凭证，举在半空，示意给民警看。

民警："你拿着纸这么远，我能看得见吗？"

这是第三轮P心态。接下来，就是不良C—C交往了，两人开始吵架，引起人群围观。

上面"P≡P"交往，如果用"忽视它！引导它！奖赏它！"的心态调整机制，是可以转变为A—A交往的。

假设民警的话不变，小杨忽视民警的严肃的语气，做到冷静理智，配合上前，接受询问，并拿出租车凭证，就会平安无事了。

民警："小伙子，请你停车接受检查！"

小杨："好。"

他骑到民警身边。

民警："请你下车接受警方的调查，出示你的自行车凭证。"

小杨拿出租车凭证，经民警验证，肯定放行的。

这就是一个完美的 A—A 交往。

假设小杨的话不变，民警忽视小杨的不良 P 心态，做到冷静理智，主动上前，认真检察，检验出租车凭证，然后放行，也会平安无事。

民警："小伙子，请你停车接受检查！"

小杨："马路上这么多人，为什么你单单挑我？"

民警："请你下车接受警方的调查，出示你的自行车凭证。"

小杨："这车我租的。"

民警："请拿租车凭证交给我。"

小杨就地拿出租车凭证。民警主动上前验证，然后放行。

假设第三方干预，主要可从语气入手，让冲突双方冷静理智，就可以成功调解了。

（4）"C≡C"不良交往中，由于双方处于非冷静、非理智的心态，内容上东拉西扯，不良情绪冲动。应该让双方分开，让第三方介入。等到双方冷静理智后，再作交往。如果冲突严重，可按"攻击对方"的"转移"机制处理。

在上述的警民摩擦中，接下来的对话就是"C≡C"不良交往。

民警："你叫什么名字？哪里人？"

小杨："你有什么理由耽误我的时间？"

一个问名字，一个答时间。

民警："大家相互尊重点吧！"

小杨："你不要说什么叫尊重！尊重什么？"

民警："在法律的前提下，请你配合检查！"

小杨："法律有哪一条规定可以限制我的人身自由？"

双方离开自行车主题，引起法律探讨。话题越扯越远。因为双方已经离题太远，第三方必须干预。如果身边还有另外民警，可以让另外的民警代替这个民警，让他与小杨分开。然后，由另外的民警以 A 心态调整小杨的不良 C 心态，即重新回到自行车问题上，验证放行。如果身边没有另外民警，第三方应该及时报警"110"。

下篇　人际认知奥妙无穷

无论是员工还是管理者,都离不开人。工作中,有上司,有下属,如何认知自己的上司,如何认知自己的下属呢?如果做好了人际认知,工作就会很顺利,反之,就困难重重,若是管理者,就会出现用错人的现象。

人际认知是个体推测与判断他人的心理状态、确定对方动机或意向的过程。例如,某人的表情是什么意思?其性格如何?与自己的关系怎样?他与另外人的关系又是如何?诸如此类的看法都属于人际认知。人际认知是一个人的社会行为的基础,是决定人际关系的重要环节。通过人际认知,人与人之间达到相互认识、相互了解,形成"承诺"并兑现"承诺",从而确定双方之间心理距离。如知心朋友之间的心理距离可达到亲密无间,而敌对情绪严重的双方,其心理距离可达到不共戴天的程度。

说起来,人际认知是工作和社会中最复杂的问题之一,因为交往双方的认识都是从陌生开始的,同时两人都是动态发展的。

什么叫做动态发展的人呢?就是指甲和乙两个人每天的思想状态都在变化,他们的心理状态也都在不断地变化,包括他们的行为也都在不断变化,所谓,今天的河水不是昨天的河水。因此,人际认知是件很复杂的事情。

古人云:士别三日,当刮目相看。意思是如果和某人分开了一段时间,就要重新来看待对方。其中的"刮"字用得非常到位,就是要刮去自己眼中的某一层过去的成见。比如,今天我和张三相比,可能我比他更有优势,但是分开了一段时间,我的优势就可能会被他赶超,我今日的优点就不再是优点了。

还有一句古话:人贵有自知之明。因此,我们要不断地在竞争社会中发展自己的优势,发展自己的能力,不然一不小心就可能是逆水行舟,不进则退。

人际认知是工作当中的主心轴,作为管理者,要知人、识人、选人、用人以及留人,因此在整个工作中都贯穿着的一个问题就是"人际认知"。用人是管理中的一个很重要的环节,用得好工作发展就很顺利,一旦认知上有偏差,则很容易造成决断错误。所以,人际认知水平是管理者很重要的能力。

本篇分别从三个层面来探讨"人际认知"这个专题,一是人际认知模式,二是人际认知效应,三是人际认知中的冲突。

第六章　人际认知模式

人际认知虽然是一个极为复杂的难题,但是,从理论上看,还是能够从丰富的历史经验中归纳出内在的客观规律。所谓"模式",就是以最简洁的语言表达所论述的问题的客观规律。凡是很大的理论问题,我们都会用几句话来归纳,方便理解和研究。

比如,在革命战争时期,有"苏联模式","中国模式"。"苏联模式"是先占领大城市,然后包围农村,而"中国模式"是先占领农村,再包围城市。

现在经济改革开放的时代也有模式,有"深圳模式",有"温州模式"。"深圳模式"是通过政府给予特殊的政策,大力发展经济的模式;"温州模式"是由家庭作坊开始发展的,没有依靠国家的特殊政策,是一种"自生自灭"的经济发展模式。

人际认知模式就是以最简洁的语言表达人际认知的规律。人际认知模式中,用六个字表达人际认知中的三个层次:感觉、知觉、意象。

第一节　人际认知中的感觉

所谓感觉,就是不相识的双方在临时交往中形成的一种局部认知。

每天下了班,你在回家的路上会遇到很多路人,你会对周围的很多人形成感觉。比如你觉得某个人的长相很有特点,或所穿服装是你喜欢的,等等。

每个人在一天当中很多场合会形成很多感觉。在工作中,我们要和很多陌生的客户打交道。在临时交往中,彼此都会对对方形成感觉。

感觉有两大特征，一个是即时性，一个是渲染性。

一、即时性

1. 代表个人形象

即时性是在私人交往中形成的局部认知，即双方都代表个人形象的情景中形成的。

即时性，顾名思义是指当时有效的，过了这个时间就没有效果了。比如张三给李四的感觉是非常固执，那么非常固执这个特点是不是张三固有特点呢？不一定。张三以前是不是非常固执呢？不一定，那未来是不是非常固执呢？也不一定的，只是在短暂的接触时间里感觉张三非常固执。

这种只是在临时交往中对方所表现出的特点，就是感觉的即时性，不能推及到以往，也不能推及到未来，只限定在当时。

2. 小事一桩

如何对待即时性呢？处理原则是"小事一桩"。

在交往过程中，如果张三在李四心目中形成很美好的感觉，那么张三同样要告诉自己"小事一桩"，用古人的话来说就是"施恩不图报"。

曹经理带着七岁的儿子到公园游玩。儿子告诉父亲："爸爸，前面的老奶奶有个钱包从塑料袋里掉出来了。"曹经理连忙大声叫住老奶奶。老奶奶捡起钱包后，对曹经理千恩万谢，称他是"救命恩人"，因为她正赶着去医院用这些钱治病。曹经理十分开心。但是，几天以后，当他在商场再次遇见这位老奶奶时，对方一点都没有记起他，视他为陌生人。曹经理感到不可理解，大有"过河拆桥"之感慨。

曹经理："好人好事难做。前天还说是救命恩人，今天却理都不理。"

黄老师："知道什么是施恩不图报吗？如果你做了一件好事，就要图对方报答，很可能会成为包袱。你从小到大，不知有多少人帮了自己的忙，不知有多少人对自己有恩。你有没有报恩呢？那些人就是施恩不图报。你做了好事，也不应要求对方报答到自己身上，这样想，就不会觉得委屈了。"

反之,在交往过程中,当自己在对方心目中没有好感时,也要告诉自己:"小事一桩"。

比如雨天开车经过一个水坑,不小心泥水溅到路人的裤子上,被溅的人会破口大骂,那么这个时候该怎么做呢?我们同样要暗示自己对方骂人是"小事一桩",自己要主动道歉,但不要在意对方的行为,因为这时是即时性的,对方再看到自己的时候也认不出的。

有位大学生晚上电影散场后,在门口被另一青年的自行车撞了一下。

学生:"你会不会骑车?"

青年:"你会不会走路?"

瞬间,两人拳脚相加,结果双方都被关进社会治安管理处。

事后,两人都觉得为了这点小事而打架,有点莫名其妙。

二、渲染性

1. 不是代表自己,而是代表群体

渲染性是扩大化的过程,形象地说是用毛笔写字,墨中水分很多,一笔下去,在宣纸上晕开来,范围大大地超过了原笔画的范围。

在工作中,一个员工在服务对象心目中的感觉,本来应该是对这个员工本人的感觉,但是,对方的感觉会扩大成对一个群体的感觉,这就是渲染性。

2. 非同小可

一个人在代表群体形象时,自己在对方心目中所形成的感觉,不仅仅是代表个人,更代表群体,因此,在这种情况下,就不能再认为是"小事一桩"了,务必要以"非同小可"的原则加以对待。

一穿上工作服,一走上工作岗位,那就不再是代表本人了,而是代表一个群体,此时此刻,就要很注重自己在对方心中的感觉。如果给对方留下一个美好的形象,那就会给单位的形象锦上添花,但要是一不小心给对方留下不太好的形象,那就是给单位抹黑。

一家出租汽车公司为了提高公司的竞争力,向社会作了承诺:司机不能多收乘客一分钱,否则,乘客可向公司索取双倍乘车费。这项承诺公布不久,一位司机却多收了某乘客两元钱,结

果这位乘客写信向总公司反映。公司总经理在核查事实后，一方面如数付给乘客双倍的乘车费，一方面给这位司机以重罚。

司机不服，总经理请他看乘客所写的信。这位司机只见信中措词激烈，什么"行风不正"、"承诺形同虚设"、"职业道德水平低"等等，矛头直指总公司，而不是自己。

总经理："这封信如果被刊登在报纸上，或在电视上曝光，会产生什么后果？"

这个司机此时此刻终于明白，多收乘客两元钱看似小事，影响的却是整个公司的形象。他表示愿意接受处罚。

当前，在管理工作中流传一句话，"谁砸我的牌子，我就砸谁的饭碗"。这句话表面上是说要是有人做得不好，就辞退这个人，同时也是为了让员工知道一穿上工作服，一走上工作岗位，就不是代表自己，代表的就是群体，要很注重自己留给顾客的一言一行，尽量要保持完美的形象。

诸葛局长："我们工商管理工作真的是非同小可，天天穿着笔挺的工作服，如果执法公正，那些摊主就会口口声声说好。这是说谁好呢？说政府真好；反之，要是执法有失偏颇的话，那些摊主是会骂人的，那骂的是谁呢？骂的是政府。"

招考公务员要求越来越高，队伍的素质越来越好。为什么呢？因为他们是代表政府的形象，做得好就是为政府锦上添花，做得不好就是为政府抹黑。

一对年轻的夫妇上了长途大巴。坐下后，这个小伙子开始抽烟。他抽了没几口，管理人员就上来了，表情很难看，语气更是难听。

管理员："车上不能抽烟，罚款五元！"

小伙子不肯，两个人就吵起来了。不久很多人都上车了，看到有人吵架就围观。他们两个吵得很激烈时，小伙子的妻子连忙过来给了管理人员五元罚金。管理人员下去了，可是，吸烟的小伙子开始在车上骂人了。

小伙子："你们看看，共产党就是这么乱收钞票！"

车上有人说："他是他，他确实是凶了一点，你认为不对可以投诉到车站，怎么好端端地骂到共产党头上了呢？"

小伙子的妻子："是啊,他就是这个臭脾气。"

后来,小伙子也觉得自己有些错了。

很多单位都会让员工上班时统一穿工作服,这样做的一个重要目的就是告诉员工,一穿上它自己代表的就是单位形象。

三、"三分钟效应"

陌生人在临时交往中,形成"感觉"的过程只需要十分短暂的时间,这就是"三分钟效应"。

前面说"谁砸我的牌子,我就砸谁的饭碗。"那么,在工作当中是不是真的会有员工想要砸牌子呢? 可以这么说,基本没有这样的员工。

为什么有人偏偏会做出"砸牌子"的事情呢? 究其原因,就在于那位员工不知道"三分钟效应"。

"三分钟效应"分两类:良好的"三分钟效应"和不良的"三分钟效应"。

1. 良好的"三分钟效应"

良好的"三分钟效应"表现为:首次碰面的双方在最初三分钟之内如果交往效果良好,那么接下来的交往就会很顺利。

黄老师有一次去上海出差,在火车上发现坐在旁边的是位七十多岁的老奶奶,她脸朝外。黄老师想:如果前三分钟是良好交往的话,会有什么好的效果呢?

黄老师:"老奶奶,挂了一枚纪念章,您是要到哪里去呢?"

老奶奶:"这里的人都是一起的,我们老干部局组织我们去上海旅游。"

黄老师:"您真是有福气,这么大的年纪还有这么好的朋友圈子。"

老奶奶:"是啊! 很开心的。"

黄老师把行李放好,坐下来。

那趟旅程很愉快,双方尽管不会谈到关于自己很具体的问题,但是会海阔天空地聊,正聊得兴起时就已经到上海了。

2. 不良的"三分钟效应"

不良的"三分钟效应"表现为:首次碰面的双方在最初三分钟之内如果交往效果不好,那么接下来的交往就会困难重重。此所谓:鸡蛋里面挑骨头。

　　黄老师去宁波出差，上车后发现邻座是位小伙子。黄老师想：如果以不良"三分钟效应"开头，会是什么感受呢？

　　小伙子用一个友好的眼神看黄老师，算是打招呼。可是黄老师故意装作没看见，转过头去放行李，放了半分钟后再坐下来。

　　然后，黄老师用一个友好的眼神看小伙子，算是打招呼。此时，小伙子却转过头去。

　　黄老师："你去哪里呀？"

　　小伙子转过头，表情严肃，眼神透露出警觉。

　　小伙子："你想干什么？"

　　那一趟旅途真是令人难受。车子开动以后，黄老师几次想和他说话，但是喉头就像塞着棉花一样，嘴唇动两下，最终还是开不了口。

3. 三分钟不等于 180 秒

　　实践表明，形成一个感觉根本不需要 180 秒，只要十几秒就可以了。也就是说，在工作岗位上，一个客户走过来，要在十几秒中给对方留下一个美好的印象。

　　有一位病人去一家医院看病，排队等了一个多小时才轮到他看病。他一边走进医生办公室，一边自言自语。

　　病人："队伍那么长，没病都排出毛病来了。"

　　本来医生"忽视它"就可以了，继续看病开药做好本职工作，可是这位医生听到这句话就很生气地站起来。

　　医生："谁请你到我这里来看病了？你可以到其他地方去看的嘛！"

　　病人一听火了："这么大的城市，就你这里会看病呀，我就到别的地方去看。"

　　说完转身就走，这位病人不仅到外面去看，还把自己在这个医院的遭遇打电话告诉电视台。电视台正好在做一档关于职业道德的节目。第二天，电视台派记者以病人的身份去医院取材。记者穿的风衣里面装了个微型摄像机。记者到了这家医院，在

这个医生办公室门口排队，等了一个多小时后轮到他。他一边
走进去一边也学先前的病人说话。

记者："队伍怎么这么长，没病都排出毛病来了。"

医生："谁叫你来我这里看病的，没人叫你来的，你可以去外
面看的。"

这段对话十来秒钟，全都被记录在镜头里了。后来这段录
像被电视台播放出来了，特写镜头特别难看，标题更难听：某医
院医德医风很差，对待病人态度很恶劣。

此事报道后，来这家医院看病的人马上少了许多。过了几
天，这家医院在报纸上登了一则启示，上面写道："本医院从某月
某日至某月某日，为期十五天，整顿本院的医德医风，请全市市
民监督"。

整顿了十五天以后，请了另外两个记者来采访，一路采访过
去，病人都表示医务工作者很热情。电视上也作了报道。来就
医的病人总算慢慢又恢复到原先的水平。院长又高兴又生气，
高兴的是医院总算挽回了声誉，生气的是由于那个医生的话语
不当，害得医院这些天损失不少。

总而言之，工作中的感觉是能否将一个陌生人转变为客户的关键所
在。比如，在路边开家店，路上那么多人，有多少人能成为自己的客户呢？
感觉就是重要的因素。店面装饰得好，令路人产生很好的感觉；接待员礼
仪好，令走进店堂的陌生人产生很好的感觉；产品质量好，令顾客产生很
好的感觉；产品价廉物美，令顾客产生很好的感觉。

第二节　人际认知中的知觉

知觉是双方在交往中形成的完整认知。一旦形成良好的知觉，双方
就构成长期交往的条件。

如果双方能长期交往，就意味着双方取得了知觉的结果。

完整的认知，可以通过双方的长期交往而形成。如果双方有共同爱

好、共同志向，就可以以较短的时间形成完整认知。

知觉的特征是受时空限制。一个自然人，要依赖环境生存发展；一个法人，也要依赖环境生存发展。自然人的环境是自然环境；法人的环境是市场环境。

一、知觉是双方长期交往的条件

知觉和感觉不同。感觉是陌生的双方在临时交往中形成的局部认知；知觉是双方在交往中形成的完整认知。

所谓"完整认知"，是指双方彼此之间十分了解对方的个性、脾气、兴趣、特长、家境等等具体情况。

甲和乙两个人能否长期交往，还要看双方的心目当中能否拥有对对方的美好认知。好朋友见面会很开心，可用一句话表达——你好！我好！大家都好！

二、知觉——外围关系

如果说感觉是用在客户身上，是用在陌生人身上，那么知觉就是每个社会人要极力培养的那种美好的外围关系，也就是人际网络。

一个自然人要适应外围的环境而生存，天气冷了要加衣保暖，天气热了要吹风乘凉，这些都是说明了外围环境对一个自然人生存的影响。我们要做的就是很好地适应它，同时创造好的环境让我们更能适应，比如在盛夏之际我们在室内不会再觉得炎热，就是因为我们有了空调，这就是我们给自己所创造的更外围环境。

同样的道理，在工作当中我们想要把事情做好的话，也要营造一个美好的外围关系，知觉就是我们在层层的社会网络当中所建立的外围关系。

如果张三说："我和某某厅的关系很好。"该如何理解张三这句话的含义呢？实际上，张三是和某某厅某些领导交往很好。

所以，我们说外围关系的建立是要通过人际认知起作用的。

如果，一个法人在各级管理层中，如果拥有一批形成知觉的人际关系，那么就形成了良好的外围关系，就拥有了更好的生存发展空间。

三、知觉的特征是受时空限制

知觉受时空限制的意思是，双方在一起的时候，表达为"你好！我好！大家都好！"但是，当双方时间分开很久，彼此心中的知觉会慢慢淡化。当双方分开的空间很遥远，彼此心中的知觉也会慢慢淡化。

黄老师在湖边逛街，老远发现人群里走来一位多年没见面的大学同学，连忙向他打手势，他也打手势，黄老师走过去对方走过来。可是，黄老师突然觉得很尴尬，因为自己怎么也记不起对方的名字。

正在这个时候，对方已经走到了面前。

黄老师灵机一动："老同学，你好！"

对方好像也把黄老师的名字忘记了，也是用"老同学"称呼。两人聊得很开心，不过双方都没好意思问对方的名字。回家后，黄老师连忙翻查大学同学录。

黄老师和这位大学同学的关系就是知觉关系。一见面"你好！我好！大家好！"一分开连名字都忘记了。

四、法人中的内耗哪里来

不好的知觉如果出现在法人内部，尤其是管理者之间，就会出现两种情况：捕风捉影，无风起浪，从而形成内耗。

2007年3月，为了把业务做上去，公司经理魏芳把梁玉"挖"到了身边，任副经理。梁玉原先是另外一个人寿保险公司的业务员。

一天，魏芳正在办公室，梁玉来找她。

梁玉："魏经理，我有个想法，好让咱们的公司运转更好点。"

魏芳停下了手中的事，问他有什么想法。

梁玉："你看，咱们公司接待费用不少，能否从业务员的保单提成中，拿出两个点扣留，作为接待的开支？"

梁玉的精明没有给魏芳带来什么惊喜，反而让她觉得这个人太阴险。这件事后，魏芳对梁玉多了点提防。不久，一位业务员将梁玉的一些事情告诉她。

　　某业务员:"魏经理,梁玉还在原来的公司领工资。"

　　魏芳听信,要扣梁玉的工资。为此事,梁玉吵到上级公司,

上级公司认为,没有事实证据不能扣。此后,两人一直不和。

　　在直接的领导、直接的员工、直接的同事之间,如果双方只停留在知觉层次,那么,时间、空间、第三者都将成为左右双方认知的因素。这样的交往关系就不可靠,往往引起相互猜疑的不良后果。

　　孙子兵法中有"离间计",其原理就是利用时间、空间、第三者等因素,使对方的君臣之间、将帅之间的知觉产生扭曲、恶化,从而达到战胜对方的目的。

　　甲是主任,乙是副主任,他们每天商量工作,如果是知觉关系,那么一见面是好的,但是一分开这层关系就会变得很脆弱,假若有第三方告诉甲:"主任,你以后要注意,副主任在背后说你坏话了。"此时,甲乙两者的关系就会发生转变,甲不信任乙,这样钩心斗角的事情就出来了。

　　在现实生活中,如果夫妻之间的认知长期处于知觉层次,则往往会导致离婚。当对方出国、出远差、不在身边时,会疑心重重;当对方与异性交往时,也会产生醋意浓浓;当有片言只语传来不实的绯闻时,更会"三人成虎",从而引起夫妻关系恶化。

　　总而言之,知觉是一种广泛存在的普通意义上的人际认知。在间接的领导、间接的员工、间接的同事、普通朋友、一般的社会关系之中,良好的知觉是不可缺少的凝结剂,是维持外围关系长期存在的条件。

第三节　人际认知中的意象

　　在密切接触的那几个人之间,必须要上升到意象,才能形成稳定的人际认知。

　　"意"就是心意,"象"是人生形象。意象不是感觉,也不是知觉,它是在心里对某人形成的美好的人生形象。

　　所谓意象是双方在亲密交往中形成稳定的、准确的人际认知。意象是维系双方亲密关系的必要条件,一旦双方形成意象,就构成了终身交往

的条件。

意象的特征是:跨越时空。

一、意象是终身交往的条件

意象是关于对方的全部精神样态的概括,诸如心理素质、道德准则、政治倾向、生活方式、行为能力、人生态度、社会责任感、人生追求等因素的综合认知。因此,意象的形成是对方的人格在自己心目中的塑造过程。

意象具有稳定性和准确性,最大的特征就是跨越时空。

无论双方在时间上分开多久、在空间上分开多远,心目中的意象仍然是栩栩如生,双方的心理距离仍然是亲密无间。因此,意象是跨越时空的人际认知,不像知觉那样受时空所限制。

意象具有准确性,由表及里、由此及彼,分析路径十分通畅,双方的认知能够透过层层表面现象,把握对方的真心实意,预测对方与自己之间的发展关系,同时,不受第三者的干扰和影响。双方一旦形成意象,双方的人际认知就不会轻易地被第三者挑拨离间,从而保持认知的准确性。

春秋时期的政治家管仲和鲍叔牙是好朋友。管仲比较穷,鲍叔牙则比较富有,但是他们之间彼此了解,相互信任。管仲和鲍叔牙早年合伙做生意,管仲出很少的本钱,分红的时候却拿很多钱。鲍叔牙毫不计较,他知道管仲的家庭负担大,还问管仲:"这些钱够不够?"有好几次,管仲帮鲍叔牙出主意办事,反而把事情办砸了,鲍叔牙也不生气,还安慰管仲,说:"事情办不成,不是因为你的主意不好,而是因为时机不好,你别介意。"管仲曾经做了三次官,但是每次都被罢免,鲍叔牙认为这不是因为管仲没有才能,而是因为管仲没有碰到赏识他的人。管仲参军作战时临阵逃跑,别人嘲笑他怕死,鲍叔牙却替他解释,说管仲是因为牵挂家里年老的母亲才这样做的。

后来,管仲和鲍叔牙都从政了。当时齐国朝政很乱,皇太子们为了避祸,纷纷逃到别的国家等待机会。管仲辅佐在鲁国居住的皇太子纠,而鲍叔牙则在莒国侍奉另一个齐国皇太子小白。不久,齐国发生暴乱,国王被杀死,国家没有了君主。纠和小白听到消息,急忙动身往齐国赶,想抢夺王位。两支队伍正好在路上相遇，管仲为了让纠当上国王，就向小白射了一箭，谁知正好射到小白腰带上的挂钩，没有伤到小白。后来，小白当上了国王，即历史上所称的"齐桓公"。

齐桓公一当上皇帝，就让鲁国把纠杀死，把管仲囚禁起来。齐桓公想让鲍叔牙当丞相，帮助他治理国家。鲍叔牙却认为自己没有当丞相的能力。他大力举荐被囚禁在鲁国的管仲。鲍叔牙说："治理国家，我不如管仲。管仲宽厚仁慈，忠实诚信，能制定规范的国家制度，还善于指挥军队。这些都是我不具备的。所以皇上要想治理好国家，就只能请管仲当丞相。"齐桓公不同意，他说："管仲当初射我一箭，差点把我害死，我不杀他就算好了，怎么还能让他当丞相？"鲍叔牙马上说："我听说贤明的君主是不记仇的，更何况当时管仲是为王子纠效命。一个人能忠心为主人办事，也一定能忠心地为君王效力。皇上如果想称霸天下，没有管仲就不能成功。您一定要任用他。"齐桓公终于被鲍叔牙说服，把管仲接回齐国。

管仲回到齐国，当了丞相，而鲍叔牙却甘心做管仲的助手。在管仲和鲍叔牙的合力治理下，齐国成为诸侯国中最强大的国家，齐桓公成为诸侯王中的霸主。

鲍叔牙死后，管仲在他的墓前大哭不止，想起鲍叔牙生前对他的理解和支持，他感叹说："当初，我辅佐的王子纠失败了，别的大臣都以死誓忠，我却甘愿被囚困，鲍叔牙没有耻笑我没有气节，他知道我是为了图谋大业而不在乎一时之间的名声。生养我的是父母，但是真正了解我的是鲍叔牙啊！"

管仲和鲍叔牙之间深厚的友情，已成为中国代代流传的佳话。在中国，人们常常用"管鲍之交"，来形容自己与好朋友之间亲密无间、彼此信任的关系。

二、一个好汉三人帮

古人有句话，"一个好汉三个帮"。大量的实践表明，一个人要成就大事业，必须要有三个以上的意象中人。

刘备三顾茅庐请出诸葛亮为自己打江山，不久诸葛亮战功赫赫。此时刘备也听到了一些风言风语："诸葛亮是猛虎一只，总有一天会抢刘备的位置。"等等。但是，刘备坚信诸葛亮是可以终生交往的人才，这就表明诸葛亮已经在刘备心中达到意象的认知程度。历史证明，他们两个人是肝胆相照的意象中人。正因为刘备拥有这么好的意象认知的能力，身边才会有三兄弟、五虎将、诸葛亮，并在众能人的帮助下逐步成为一代枭雄。

三、疑人不用，用人不疑

管理者的重要工作是用人。能否做到"疑人不用，用人不疑"，关键是对所用的人有没有意象。只有形成对方的意象时，才会做到用人不疑；只有做到用人不疑，才能更好地达成事业目标。

如果身边没有一批互相形成意象的人，事业难免失败。即使有充分的发展条件，也会由辉煌走向失败，所谓"扶不起的阿斗"正是这个道理。

历史记载，阿斗个子很高，仪表堂堂，可惜心理素质太差。身边的人无论哪个都无法与之形成意象关系，最多是知觉。

刘备知道自己的儿子没用，在临终之前把诸葛亮和阿斗叫到身旁，要阿斗当场发誓，在他去世以后，要像对待父亲一样对待诸葛亮。阿斗当诸葛亮面的时候确实像对待父亲一样的尊敬。一旦诸葛亮出征，离开的时间很长，空间很远，阿斗心目中诸葛亮的形象就开始模糊了。

诸葛亮意欲完成刘备的遗愿，六出祁山。和魏国的司马懿打仗的时候，司马懿一边挂免战牌，一边暗地里买通蜀军粮草官苟安散布谣言："诸葛亮一旦打败司马懿，就会调转枪头，抢阿斗的位置。"因为阿斗对诸葛亮只是知觉关系，所以真的相信了，几次把诸葛亮从战场上借口召回，部队也因而贻误了战机。

阿斗皇位在身，最终还会把皇位丢掉，所以后人说阿斗是扶不起的。究其原因，是因为阿斗对诸葛亮没有意象，只是知觉，在身边以父亲相待，一旦离开时间长，空间离得远，就会"捕风捉影，无风起浪"，最后，丢掉了大好江山。

四、如何形成意象关系

如何形成意象关系？这个问题很难回答，叫做"只可意会，不可言传"。但是在古今中外的名人传记中，可得到很多很好的启发。

刘备待人真诚，赢得众英雄的信服。宋江是"及时雨"，拥有 108 条好汉。

曹操身边意象中人数不胜数。曹操被马超追赶，墙上一根燃烧的横梁掉下来，手下人连忙把横梁托住，用自己的生命让曹操通过。都说曹操是奸臣，为什么他有那么多的意象中人？

官渡之战曹操以十分之一的兵马战胜袁绍。以弱胜强，曹操很高兴，正在休息时，手下人跑过来向他报告说，在对方的密室里发现一大箱投降信，当时被称之为效忠信。

曹操听了以后大吃一惊。曹操的人生观是"宁可我负天下人，不可天下人负我"。于是他马上一声令下召集文武百官，并命人将那个大箱子抬上来，准备在众人面前拆封，并决定看到谁写效忠信就立即处决谁。

此时两旁的人个个浑身发抖，越站越矮。见此情景，曹操心里嘀咕起来了："难道全部都写过了吗？别是有人诬陷吧？那该怎么办呢，要是密封条一撕开，那就是吃不了兜着走了。"

这时，他改变主意，下令不准拆封，就地烧毁！随着熊熊烈火燃起，两边的文武百官一个个如重获新生般地越站越挺。此后，一个个都把曹操当作自己的意象中人，因此，曹操的手下拥有这么多对他忠心耿耿的人。

五、人际认知的四大难关

人际认知是认知者对被认知对象形成"感觉—知觉—意象"的过程，是一个双方信息进行"双向交流"的过程。

人际认知与自然科学的认知不同之处，在于人际认知具有若干局限性，因此，有时真是令人扼腕兴叹：识人难。这些局限性主要表现为多变量性、自我矛盾性、互映性和易错位性。

1. 多变量性

所谓人际认知的多变量性,是指认知双方都是一个多变量体,这些变量都影响到认知的结果。人际认知过程中双方的需要、动机、感情、态度、性格、能力、品质、社会关系、环境因素都影响着各个认知环节,因而,认知双方的内心世界就成为一个多变量的动态现象,相互形成的人际感觉、人际知觉、人际意象也就随之变化。

2. 自我矛盾性

所谓人际认知的自我矛盾性,是指双方的内心认知状态都存在一定程度的自我否定的现象。对于被认知者来说,其外在表现与内心想法之间往往不一致。对于认知者来说,则表现为自我认知状态处于不稳定状态,经常反复。俗话说:"害人之心不可有,防人之心不可无",就是这个心态的最好写照。

3. 互映性

所谓人际认知的互映性,是指双方的认知往往处于相互影响的调整状态,最终形成共同认可的心理距离。因此,人际认知往往有相似之处,即你对甲持有的认知,往往是甲对你的认知。如"你敬人一尺,人敬你一丈",就是说你尊重他人,他人也会尊重你。如"你对他人笑,他人也会对你笑",就是说,你对人好,别人也会对你好。反之,你把对方当作敌人,那么,对方会怎么认识自己呢? 显然不会太友好。

4. 易错位性

人际认知的易错位性是指在人际认知过程中,双方都很难达到自己的认知与他人的真心实意相吻合的状态。这种制约主要体现为认知条件在时间、空间、双方个性特征方面的限制。如在时间上,不可能每时每刻对他人进行观察。在空间上,也是一样,不可能观察到他在不同场合下的表现。对于他人的内心世界更是不可能"明察秋毫"。即使对方将心交给你,信誓旦旦,表示忠心,自己也往往会由于自身的个性因素,而不以为然,出现较大的认知错位。正所谓:知人知面难知心。

第四节   人际认知的常用方法

人际认知方法众多,通过了解对方的社会关系、行为特点、表情特征、心理特点等因素,可以更完整地把握对方。

下面介绍 16 种人际认知的方法。

一、孔子知人术

孔子曰:"远使之而观其忠;近使之而观其敬;烦使之而观其能;卒然问焉而观其知;急与之期而观其信;委之以财而观其仁;告之以危而观其节;醉之以酒而观其侧;杂之以处而观其色。"

孔子把人分为五种:小处精明大处糊涂者为"庸人",头脑始终清醒者为"士人",有一定道德观念积极向上者为"君子",很守规矩者为"贤人",行为光明磊落、德性超众者为"圣人"。

二、孔明知人术

诸葛亮在《知人性》中说:"知人之道有七焉:一曰问之以是非而观其志;二曰穷之以辞辩而观其变;三曰咨之以计谋而观其识;四曰告之以祸难而观其勇;五曰醉之以酒而观其性;六曰临之以利而观其廉;七曰期之以事而观其信。"

每个人都可以在自己的知觉和意象的基础上形成自己的认知经验。这些经验运用得当,都是很有效的。

三、三圈法

社会心理学家阿希(S. E. Asch)以图 6-1 的三圈图表示社会群体中极为复杂的人际关系。

阿希认为,人都是处于社会关系之中,表面上看,交往的双方是两个人,但是,所产生的人际关系却受到各自的社会关系的影响。图中甲圈表示甲的社会关系,乙圈表示乙的社会关系,丙圈表示丙的社会关系,甲乙

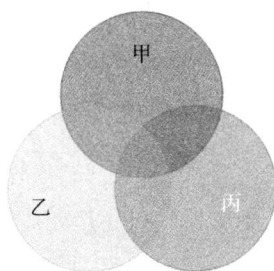

图 6-1　三圈法示意图

丙三人在很多方面的观念都会相互影响。其中,任何一个人的观点很可能是综合了三个人的观点后才形成的。

管理者在认识某员工时,也有必要了解其社会关系,看他的朋友有哪些,其小圈子有什么共同的特点,从而把握他的兴趣爱好、人生观、价值观等等特征。

四、人际距离判断法

人际距离是指交往双方所保持的心理距离。

人类学家 E. 霍尔把人际距离分为四种:亲密距离、个人距离、社会距离和公众距离。这四种人际距离都具有不同的行为特征。

亲密距离通常用于父母与子女之间、情人或恋人之间。个人距离用于朋友之间。社会距离用于具有公开关系而不是私人关系的个体之间,如上下级之间、员工之间。公众距离用于进行正式交往的个体之间或陌生人之间。

人际距离是双方交往时心理相容的体现。在交往时,双方都在调整自己的位置,太亲近了,就会自觉地拉开一些;对方能接受了,就又会靠得更近一些;发现对方拉开距离了,自己也会适度地停留在一定位置上,从而保持相对稳定的人际距离。

例如,当你在大街上行走,有陌生人朝你走来问你时间时,你会告诉他几点钟,但同时,你也会与他保持一米以上的距离。如果对方靠近到半米左右时,你会不由自主地往后退一步。这后退一步正是你在公众交往时心理距离的体现。假如你看见你的熟人相向而行,你们双方会一边相互示意问好，一边继续各奔东西。假如朝你走来的是你几年不见的好朋友，你们俩将会快步走到一起，相互告诉别后思情，此时此刻，你们之间的距离不会在一米以上。假如你在车站迎接母亲时，看见母亲走出车站门口，你可能会快步跑上前去拥抱。

这个理论的意义在于，当你明确自己与交往对方的人际关系时，你可以恰当地调整到相应的心理距离，以免对方"后退一步"，或者以免对方感到心凉。反之，当你体验到自己与对方之间的人际距离时，你也可以适当地调整自己的心理距离，以免被人认为"不解人意"或者"自作多情"。

五、相倚理论

心理学将人际交往中相互作用的行为规律和模式分为假相倚、非对称相倚、反应性相倚和彼此相倚四种。

所谓假相倚，是指在同一活动中，每个参加者主要是对自己的行为和计划作出反应，而很少取决于他人的反应，是一种形式上的相互作用的社会互动，没有真正的心理沟通，没有情感基础。这些情况常见于礼仪活动。

所谓非对称相倚，即参加活动的双方相互作用的程度是不平衡、不对称的。一方的行为受对方的行为所制约，而对方却主要以非相倚的方式按照自己的角色计划行事。这时，一方具有权威性，另一方表现为服从。在群体中，认知双方个性差异往往引起这种非对称相倚现象，从而形成小圈子。而在管理活动中，这种非对称相倚也是一种非常重要的相倚形式。

所谓反应性相倚，即只对他人所说的或正在做的事情作出反应。如看球赛、看电视等等。

所谓彼此相倚即参加者都是根据各自的计划对对方的观点作出反应的。这种反应是彼此往返进行的，每个人的反应都构成了对对方的刺激。如谈判、座谈会等等。

相倚理论是人们设计人际交往的方法之一，即根据双方相倚方式，把握对方的角色或需要，设定交往方式，以达到最佳的交往效果。

六、人际反应特质法

心理学家舒兹（W. C. Schutz）认为，每个人都需要他人，因而都具有人际关系的需求，而且每个人的需求具有相对的稳定性。人际交往需求分为三类：包容的需求、控制的需求和情感的需求。每种需求又可表现为若干心理倾向，这些心理倾向就是人际反应特质。人际反应特质包含两类意义相反的特质，这两类特质虽意义相反，但都反映出同一交往需求。

包容的需求主要表现为希望与他人来往、结交、共处于某种和谐关系中的欲望。其人际反应特质有：交往、沟通、相容、参与、融合等；与其相反的人际反应特质有：排斥、对立、疏远、退缩、孤立等。

控制的需求主要表现为希望通过权力、权威与他人建立并维持良好关系的欲望。其人际交往特质有：权力、权威、威信；与此相反的人际交往特质有：抗拒权威、忽视秩序、受人支配、追随他人等。

情感的需求主要表现为希望在情感方面与他人建立并维持良好关系的欲望。其人际反应特质有：喜爱、同情、热情、亲密等；与此相反的人际反应特质有：憎恨、厌恶等。

因为每个人的人际交往需求都具有稳定性，也体现在人际交往特质的稳定性，这种稳定性又体现在各个交往场合中，所以通过观察个人的人际交往特质，可以了解其交往需求。例如员工甲积极参与工作，这表达了他的包容需要；员工乙有意疏远管理者，这也表达了他的包容需要，两者的区别很可能是员工甲受到了表扬，而员工乙受到了批评。这时，如果管理者主动接触乙，就会转变乙的反应特质类型，由消极型转变为积极型。

七、社会关系测量法

美国社会心理学家莫雷诺(J. L. Moreno)提出了一种测量群体内成员之间人际关系结构状态的方法，称为社会关系测量法。他把社会关系分成六种：工作关系、生活关系、学习关系、管理关系、娱乐关系和情趣关系。每次测量时，先确定一种关系作为测量内容，然后在一个群体中进行测量。

例如，在5人小组中进行情趣关系测量，要求每个人选择最要好的二人。根据选择结果，可得到以下的矩阵分析表(以"1"表示选择结果，例如张选择周、赵，则在张的一行中，给周、赵各1分；"×"表示未作评价；"0"表示不给分)：

	①张	②陆	③王	④周	⑤赵
①张	✕	0	1	1	0
②陆	0	✕	1	1	0
③王	0	1	✕	0	1
④周	0	1	1	✕	0
⑤赵	0	1	1	0	✕

由表可知,张选择王、周;陆选择王、周;王选择陆、赵;周选择陆、王;赵选择陆、王。继续分析可画出这五人的社会关系结构图(见图6-2)。

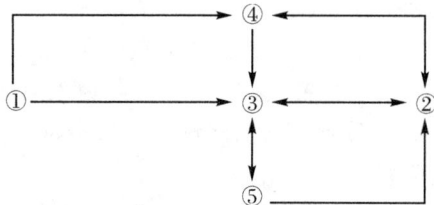

图 6-2　社会关系结构图

每个人的社会关系还可以用个人关系指数表示:

个人关系指数＝个人被选数÷(群体人数－1)

可得①张、②陆、③王、④周、⑤赵的个人关系指数分别为 0,0.75,1,0.5,0.25。

个人关系指数越高,说明个人关系越好,这五人小组中,人际关系从好到差的顺序依次是③王、②陆、④周、⑤赵、①张。

八、面部表情法

丰富的面部表情最能表达一个人的情绪状态和对现实事物的喜恶态度。通过察言观色,可以体会到对方的态度。

目光是面部主要表情之一,与人的思想、感情相关甚密。心底深层的欲望和感情,主要是从目光里透露出来的。眉毛形状的变化、口形的变化都对内心情感富有表现力,因此,如果能洞察这些特点,就可把握对方的心理特点。

九、听声法

从声调的抑扬顿挫和措词中,体会到对方的心理倾向。

十、面纹判断法

一个人到了四十岁以后,其面纹在某种意义上可以体现出脸部肌肉的习惯动作。从这些面纹中,可以体验对方的个性特点。如经常微笑者,眼角上的鱼尾纹特点深,可能是为人热情者;表情深沉者则多在两颊留下竖纹,可能是善于思考者;脸纹少者,可能不善交往,或者个性豁达,等等。

十一、观行法

所谓观行法,是通过对方日常生活中的行为,来判断对方的个性特点。例如甲在挤牙膏时,量少、准确、及时加盖,这说明甲做事仔细、为人有分寸。乙则用量大、随意、不顾及加盖,这说明乙做事大刀阔斧,不拘小节。人们常常用"坐如钟、立如桩、行如风"来要求小孩。其用意是通过行为,来培养出一种内在气质。在人际交往中,我们也可以通过行为来判断其内在的心理倾向和行为习惯。

十二、服装信息判断法

服装被认为是一个人表现自己、影响别人的重要信息。例如从服装的色彩、质地、款式可以判断对方的气质,可以了解对方是否注重社会潮流,可以了解对方当时的心态,可以了解对方的职业等。

十三、归因法

归因法是通过对方作出某种行为的性质与环境的关系来判断其行为动机的。

一般来说,归因法遵循以下三条原则:

(1)当没有受外在力量控制时,其所作所为是真实地反映出内心的需要、态度、价值观等。

(2)当外在力量很弱时,所表现出来的行为主要来自于内心。

(3)当外在力量很强大时,所表现出来的顺应性行为或真或假,既有可能是真的顺应，也有可能是由于周围环境、社会舆论、风俗习惯、他人影响等作用而被迫行动的。但是，这时所表现出来的与社会不适应的行为，则必然反映出真实的态度。

十四、三维理论

美国社会学家凯利在 1967 年提出了他的归因模式。他认为，通过分析对方某种行为的一致性、一贯性、特异性，可以了解他的心理特点。

所谓一致性，是将他的行为与他人相比。例如某学生在英语口语考试中，成绩为 90 分当属优秀。这时，可以观察他的水平是否与他人一致。如果大家都相差不多，那么，就不一定是真正的优秀，如果他的分数是最高的，而且比第二名超出 10 分，就可以确认为优秀。

所谓一贯性，是观察他的行为是否稳定保持。例如他的英语口语成绩是否一直优秀。如果具有一贯性，就能确认其优秀；反之，就带有偶然性，或者是由于他近段时间非常努力。

所谓特异性，是指他的行为能力是全面的，还是仅仅是某一方面的。例如他的英语阅读成绩如何？他的英语写作成绩如何？综合起来考察，如果各门功课都很好，那么其英语水平就是很好；反之，则体现为偏爱某一方面。

十五、意识唤醒法

所谓意识唤醒法，即认知者通过给对方主动施加一种行为，而使对方形成某种预期的心理特点的认知方法。

以下八类行为可以使对方产生相应的心理特点：

管理与教育的行为，会引起对方的尊敬；

帮助与同情的行为，会引起对方的信任；

赞同与合作的行为，会引起对方的友好；

尊敬与求助的行为，会引起对方的帮助；

怯懦与服从的行为，会引起对方的控制；

反抗与厌倦的行为，会引起对方的拒绝；

攻击与责骂的行为，会引起对方的仇恨；

夸张与拒绝的行为，会引起对方的自卑。

十六、产品鉴定法

所谓产品鉴定法,是通过对方的作品所表现出来的特点,分析其个性特点的方法。如通过笔迹分析,判断其气质、性格、修养。例如,弗洛伊德就善于从对方的笔误中,作出精神分析结果,认为笔误也是一种有目的、有意义的"精神活动"的结果。

事实证明,产品鉴定法对认知对方的心理确实有很重要的意义。如通过其住所的布置,可以判断其审美观、生活爱好;通过工作台的现状,可以判断其工作习惯;通过其劳动成果,可以判断其能力等等。

第七章　人际认知三大效应

人际认知中形成感觉、知觉和意象的过程中有没有规律呢？回答是肯定的。

张三左右逢源，飞黄腾达，运气很好，而李四却是到处碰壁，沮丧失意，很晦气。张三与李四很有缘分，而张三与赵五却是有缘无分。

运气是什么？缘分是什么？是命中注定？不是。实际上，遵循人际认知效应就"运气"。违背了人际认知效应就"晦气"。遵循人际认知效应就有缘分，违背人际认知效应就有缘无分。

重要的人际认知效应有：首因效应、近因效应、皮格马利翁效应、晕轮效应、刻板效应。

本章着重讨论三个效应：首因效应、近因效应、皮格马利翁效应。

第一节　首因效应

一、效应

所谓效应，是指那些不依个人意志所转移的规律。

在自然界有若干这样的效应。如光合效应，叶子会利用光的能量，将二氧化碳和水合成有机物，同时释放出氧气。如光电效应，是指当一束超过一定频率的光照射金属时，金属中就会释放出游离电子。

在人际交往中，有没有不以人们的意志为转移的规律呢？有！

人的认知过程也有种种人际认知效应。当对方摆起脸孔丢给你一个

"白眼"时，你会得到什么体验？当然是引起你的不满意。当你对待一个婴孩"白眼"时，他刚生下来没几个月，照样会对你不满。这说明，人际交往效应也像光合效应、光电效应那样具有规律性。

所谓人际交往效应，是指在人际交往过程中，必然形成某种人际认知的规律。

自然界的效应是很有规律性的，只要条件具备，效应就随之产生，具有普遍意义。人际效应也一样，虽然人与人之间，由于修养水平、智力水平、个性特点、特殊环境的影响，人际效应会有程度上的区别，但只要条件具备，效应就随之产生，具有普遍意义。

自然界的效应是高度重复的，只要条件相同，今天是这样反应，明天也是这样反应。在人际认知效应中，如果交往是真实的，其效应也具有高度的重复性，即使会遇到表里不一的情况，也会通过"吃一堑，长一智"，透过表面，抓住实质。

自然界中没有两张完全相同的树叶，社会中也没有两个心理素质、思想素质、行为习惯完全相同的人。因此，在成千上万的交往对象中，判断交往过程中所形成的人际认知效应达到何种程度，所得到的交往效果是否有利，是十分具体的复杂问题，需作具体的、详细的分析。

二、首因效应

在双方接触很少的情况下，最初的认知起决定性作用。这就是首因效应。

当双方在最初的交往中，如果能以良好的共同动机作为主导动机，形成美好的感觉，就很运气，因为，其持续时间很长，一直会保持到再次交往为止。反之，感觉很差，也会持续到再次交往为止，那岂不晦气？

在再次交往之前，首因效应起决定性作用，因为新的认知尚未形成，所以，在判断中，总是运用那个最初交往时形成的感觉。

　　　　黄老师正在心理咨询室值班，一个男生气呼呼地走进来。

　　　　黄老师："你先冷静一下，不要急。"

　　　　男生："黄老师，我是毕业班的学生，马上就要毕业了，刚拿到班主任写的组织鉴定书，后来和老师吵起来了。"

　　　　黄老师："班主任写组织鉴定是很负责任的，这是代表学校组织来写的,而且他写组织鉴定是要你过目同意的,你有没有写'满意'或'不满意'呢?"

大学的班主任和中小学的班主任是很不相同的,大学的班主任与学生的接触很少,班里的事情都是由班长和几个班干部们负责的,然后由班长汇报给班主任就可以了。但是有一个重要的任务是要班主任来完成的,就是在学生毕业前,要给每一位学生写一份组织鉴定书,写出其优缺点。为避免班主任的组织鉴定有不实之处,所以写好的鉴定要当事人亲眼过目,并写上"同意"或"不同意",然后请求老师修改。

这个男生看到老师写的组织鉴定书,开始第一段还很好的,写了一些优点,第二段也还可以,看到第三段的开头时候这个男生就发火了,上面赫然写道"该生道德品质较差"。

他想:怎么可以这样写呢? 要是女朋友看到,岂不是要分手;要是用人单位看到,那哪敢会要自己呢? 于是,他在组织鉴定书上写了"不同意",然后连忙跑到班主任办公室去修改。

班主任说已经修改过了,本来是写"道德品质极差"的,男生和班主任争执起来了,班长在旁边不停地劝解,最后把这名男生劝到黄老师办公室来了。

黄老师:"班主任知道这份鉴定书是要让你过目的,肯定不会是乱写的,你仔细回忆一下,有什么事情让老师对你的印象是道德品质极差呢?"

男生:"不可能的,我又没有做错什么事情,又没有纪律处分过,怎么会有这样的评价呢?"

黄老师:"你慢慢想,不要急,从上大学以后一直想过来。"

想了两分多钟,这个男生突然满脸通红。

男生:"黄老师,想起来了,真的不好意思告诉你。"

他刚刚上大学一年级的冬天,有一次早上五点钟,他想去上厕所,天很冷,于是他就在寝室门口小便。同学汇报给班主任,班主任找他谈话,老师的最后一句话就是:"你的道德品质极差!"

黄老师:"老师在讲那件事的时候,说这句话肯定是对的,但是写在组织鉴定书上就有点偏差了,你再去找你的班主任恳求老师把这句话划掉,然后把那件事情写上去,写清楚某年某月某日几点在哪里干什么,这样写上去,你同不同意?"

男生:"好的,同意的。"

第二天,这名男生找到班主任,恳求老师把那句话划掉,把那件事情具体写上去。

班主任:"好的,划就划,写就写。"

但是在划掉了那句话后,接下来要写那段话的时候,笔在老师的手上晃来晃去,晃了半分钟还是写不下去。看来,那段话不是那么好写的,"某年某月某时在哪里干什么",如果真的写上去,别人看了以后会觉得这位老师的水平有些问题。

班主任:"算了,不写了。"

这个男生连忙写上"同意"两个字,生怕老师反悔。

男生拿出《大学毕业留言本》,希望黄老师给他留一句话。黄老师写了六个字:"人生如履薄冰"。

男生:"怎么理解这句话呢?"

黄老师:"这句话就是告诉我们,人生有很多陷阱,但有些陷阱是自己挖的。以为自己在做某件事情的时候没人知道,事实是恰恰有人知道。其影响可以很大,这就是我们要处处留意的原因。这次老师写组织鉴定书,你有过目的权利,还有修改的机会,但是在工作中很多鉴定是不和自己见面就直接放入档案的。"

男生:"那就麻烦了。"

黄老师:"当你考察别人,写组织鉴定时,也会有首因效应。因此,我们要时刻提醒自己'人生如履薄冰'。"

三、首因效应的运用

不良的首因效应,防不胜防;良好的首因效应,运气难挡。

1. 防不胜防

行风是怎样出来的? 是有人跟踪评价的? 不是的。

行风是陌生的服务对象形成首因效应反映的结果。例如,在医务人员与病人之间、商店营业员与顾客之间、导游与游客之间、出租车司机与乘客之间、公务员与服务对象之间等等。行风与职业道德的好差,往往体现在服务对象的首因效应之中。

邹总:"黄老师,你以后在讲首因效应的时候,能否再加'防不胜防'这几个字! 这是我的亲身经验。"

考察团一行人到省里视察工作,顺便来到他们市。市长安排了三家单位让考察团视察。考察团的首长一坐上车,却改变主意,不去先前安排的三家单位,而是改道去邹总的企业视察。一边开车过去,市长就一边通知邹总准备。邹总接到电话后连忙下命令各部门准备,同时提醒自己千万不要乱了方寸。

首长:"你们的汽车质量怎么样?"

邹总:"现在已经初步达到国内一流水平。"

首长:"到车间看看。"

到车间转了一圈,看了几分钟,首长停住了脚步。

首长:"小邹,你发动一台给我听听看。"

这句话是什么意思呀? 说得很清楚,是让邹总发动一台。这个时候邹总应该赶快亲自去发动,让领导听了很满意,那就会形成良好的首因效应,后面的交流也会非常的有利。

可惜邹总叫来位技术工人发动汽车。这位工人技术虽好,心理素质却是很差。看到考察团的领导此刻就在自己的面前,还注视着自己发动汽车! 他紧张得手发抖,脑中一片空白,连裤袋里的钥匙都找了很久,找到钥匙后因为手抖得太厉害,插钥匙时几次都插不进去,好不容易插进去以后却没有插到位,结果花了二十多分钟都没有将汽车发动起来。

考察团的领导一言不发地转身走了。送走考察团以后,邹总连忙回到车间。看到那个技术工人还坐在那里发呆,于是他就在工人的背后拍了一下。

邹总:"你好醒过来了。"

技术工人:"啊,他们走掉啦。"

这个时候技术工人顿时清醒了。

邹总:"你再发动一次给我听听看,是不是真的技术有问题。"

只听"轰"一声，汽车发动起来了，声音非常好。邹总连忙开车追到市政府大楼，请求考察团再来视察。

可是哪里还有下次的机会呀！

邹总："黄老师，从那天开始，我们的企业就像被母亲抛弃的小孩一样，一些优惠政策被取消了。"

2. 运气来，挡都挡不了

良好的首因效应，足以让最初交往形成的美好感觉产生巨大的推动力，推动法人朝着美好的前程发展。此所谓：运气来，挡都挡不了。

黄老师："谢院长，你们医院居然和世界卫生组织有联系？"

医院的大厅中间挂着一幅很大的照片，这是世界联合国卫生组织总干事和医院领导的合照。这是一家妇女婴儿保健院，规模并不大。

谢院长："运气来了，挡都挡不了。"

原来，程院长获得一个信息：世界卫生组织要在我国找8家婴儿保健医院作为科研基地。她连忙打电话给卫生厅厅长。

谢院长："厅长，如果他们到我省，到我这里来看一下好不好？尽管我这里是偏僻的小山区，但是风景很不错的。"

厅长答应了。谢院长立马就做准备工作了，把资料都找齐，每一个角落每一个环节都按照文件上的要求来调整，一个半月以后调整成功。过了几天，厅长打电话过来。

厅长："谢院长，明天我带他们过来看，请你准备一下。"

谢院长很高兴，她是花了一个半月准备的，如果今天开始准备，哪里来得及呢？

第二天，总干事和专家们仔细地看过后全都很满意，当场就拍板定下她的医院为研究基地。

此后，医院科研迅速发展，名气迅速提升，经济效益也大幅度提高。

所以说，一定要很重视首因效应，做得不好，就会很晦气，处处碰壁；如果利用好了，好运挡都挡不住。

3. 首因效应并不是形式主义

在上级来考察、检查工作时，管理者会视为重要事情，投入大量精力，认真准备。但是，有些人认为这是形式主义；其实是他没有理解首因效应。

董校长："这些大学生真是个性强。省里下周要来检查卫生，学校要求全体师生分片承包做好卫生工作。而一个班长竟然来与我评理，说这是形式主义，为什么连学校也搞形式主义。"

黄老师："你是校长，知道这是重大事情，就像运动员参加奥运会比赛，这次赢了，四年拼搏得到肯定；这次输了，就要等到四年后再说了。省里卫生检查也是一样道理。这次评上优秀，几年都有荣誉，一旦搞差了，要等几年以后才能翻身。"

董校长："是啊！就是嘛。"

黄老师："有的学生不是这样想，认为学校突击搞卫生，仅仅是为了应付检查而已。等他们走上工作岗位当了领导，懂得首因效应，就不会认为是形式主义了。"

第二节　近因效应

近因效应是首因效应的"姐妹效应"，两者通常是组合使用的。

一、何谓近因效应

双方在接触很多的情况下，最近的认知起决定性作用，称为近因效应。

接触很多的情况有三种：家庭成员之间、朋友之间、同事之间。

第一种情况是家庭成员之间，尤其是夫妻之间，上班分手，下班团聚，所以夫妻之间的关系好坏直接取决于最近的那个认知。比如，最近一方过生日，另一方送了生日礼物，两个人就会更恩爱一点，但要是最近刚为了孩子的教育问题吵了一架，那么近因效应就是双方会冷淡疏远了。

第二种情况是朋友之间，经常联系，经常通电话，也是属于频频交往的范围。近因效应更是具有明显的期望特征，即主要以最近的交往行为是否符合对方的期望为标准，决定双方的来往亲疏。

第三种情况是同事之间，上班一起，下班分手，频频打交道。良好的近因效应，将会带来具有激励机制的积极工作氛围。例如，最近的工作配合默契，双方会交往得很好。而不良的近因效应，则会产生消极工作氛围。例如，最近的一件事有摩擦、有误解，那么，也会形成暂时的交往障碍。

二、近因效应的意义

双方长期接触，无论以前的交往效果如何，最近形成的认知如果很好，足以让双方的交往转变为良好。换句话说，不良的首因效应，可以通过良好的近因效应加以调整。

1972 年 2 月 21 日尼克松访华，这是举世瞩目的大事。

上午 11:30 飞机到达北京机场。尼克松安排随行人员在他与周恩来握手之前暂缓下机，并特意派了一名高大的警卫把守机舱。

想当年，在第一次日内瓦会议期间（1954 年），杜勒斯下令不同周恩来握手。因此，这一次尼克松要做一个非同凡响的举动——主动与周恩来总理握手。

1954 年的不握手，是不良的首因效应，中美关系恶化持续了 18 年。今天，尼克松主动握手，那就是美好的近因效应。

尼克松快走到舷梯的尽头时，急忙伸手向周总理走去，两人热情握手。在那一刹，尼克松心想："一个时代结束了，另一个时代开始了。"

在离开机场时，周总理对尼克松说："你的手伸过世界最辽阔的海洋和我握手——25 年没有交往了。"25 年来，两国敌对，相互对抗，从此以后将向友好的方向发展。

下午 2 时 40 分，毛主席会见尼克松。这是具有重大历史意义的会见。每一句话都是举足轻重的。

毛主席："今天你在飞机上给我们出了一个难题，要我们所吹的问题限制在哲学方面。对于这个问题我没有什么可说的，应该请基辛格博士谈一谈。"尼克松在飞机上说毛主席是哲学家，要向毛主席学哲学，毛主席就用这个话题开题。

基辛格："我过去在哈佛大学教书时，指定我的学生要读主席的文选。"毛主席："我那些东西算不得什么。"尼克松："主席的著作感动了全国，改变了世界。"双方的心理距离越来越近。

毛主席："没有改变世界，只改变了北京附近几个地方。我们的共同朋友，就是蒋委员长，他可不赞成。"一句话引出了台湾问题。

毛主席对基辛格说："你跑中国跑出了名，头一次来公告发表以后，全世界都震动了。"基辛格说："这是总统的大胆决策。"毛主席说："他（指基辛格）不像个特务。"不仅仅称赞基辛格保密工作做得好，而是暗示尼克松，你来中国肯定是来对了。

尼克松："只有他能够在行动不自由的情况下去巴黎 12 次，来北京 1 次，而没有人知道——除非可能有两三个漂亮姑娘。"

基辛格急忙解释："她们不知道，我是利用她们做掩护的。"

毛主席："是在巴黎吗？"

尼克松："凡是能用漂亮姑娘作掩护的，一定是有史以来最伟大的外交家。"

毛主席："这么说，你们常常利用你们的姑娘啊？"

尼克松急忙解释："他的姑娘，不是我的。如果我用姑娘作掩护，麻烦可就大了。"

周总理："特别是大选的时候。"大家哈哈大笑。

在谈笑之间，25 年的敌对情绪在这瞬间得以化解。中美双方友好来往的大门终于打开了。

二、"第 101 步"

一旦出现不良的近因效应，双方都在内心深处希望与对方和好如初，却又有碍于面子而无法启口，"第 101 步"就是解决这种交往障碍的方法之一。

1. 何谓"第 101 步"

所谓第 101 步，就是设计一次新的良好交往，以消除最近一次不良交往所形成的交往障碍的过程。

这个过程可用数学公式表示为：

（99＋1）＋1＝101。

公式中的"99"表示双方拥有一段很长时间的良好交往经历。括号中的"1"表示由于最后一次引起不良效果的交往。括号外的"1"表示在出现交往障碍后，最近一次取得效果良好的交往，称之为"第101步"。

第101步是由某一方精心设计的，因此，如果能够主动地跨出这"第101步"，交往效果良好，双方的隔阂瞬间消除，和好如初。

2. 家庭成员之间的"101步"

在家庭生活中，夫妻恩爱是主流，但是，也会偶尔产生不良交往，于是导致感情不和。此时，双方都有责任跨出"第101步"。

比如，一对夫妻为了最近的一件事情关系冷淡了，女方就赌气回到娘家去，那这个时候该如何做？总要有一方主动地跨出"第101步"。

夫妻之间，出现不良的近因效应，该由谁先跨第101步呢？谁的家庭责任感高一点，谁先跨。如果丈夫觉悟高，家庭责任感强，那么丈夫就会主动地跨出"第101步"，如果是妻子家庭责任感更高，那么妻子就会先迈出这一步。

夫妻双方如果都争上风，那就会矛盾重重；反之就会提高家庭责任感，跨出"第101步"就是容易的事情，夫妻也很容易和好如初。

两代人之间往往有"代沟"，所谓的代沟，无非是在某个问题上，双方的主导动机不一样，出现冲突而已。两代人之间如果善于跨出第101步，代沟也就自然消除。

3. 朋友之间的第101步

在朋友之间，近因效应的好坏将明显影响双方的交往亲疏。

一旦有不良的近因效应发生，该怎么办呢？有句话说得好：让时间来证明一切。

因为双方的友谊较多的是建立在精神生活的基础之上，很少有经济利益关系。当双方产生不良近因效应时，交往就会疏远一点。在这种情况下，双方都不要着急，让时间来证明一切。

三天、五天、十天，不用急，到了一定的时候，双方都会主动跨出"第101步"，肯定会和好如初的。

　　为什么不要着急,而选择让时间来证明一切呢?打个比方说,当泥浆溅到了衣服上,如果我们连忙去擦拭衣服,这样非但不能把泥浆弄干净,反而使得衣服更脏。但如果不管它,经过太阳一晒风一吹,泥浆自然就会风干,此时我们只要轻轻一拍,泥土就掉了,衣服就干净了。因此,在朋友相处过程中,遇到问题是不用着急的,一着急反而容易节外生枝,此所谓:心急吃不了热豆腐。

　　　　两个好朋友,一个外号叫做"小张飞",性格比较急躁,但为人豪爽且仗义,另一个则性格温和,两人刚好互补。每次"小张飞"发脾气的时候,另一个就忍着,这段友谊就这样维持下来了。

　　　　一次起冲突时,"小张飞"的好朋友发火了,令"小张飞"大吃一惊。

　　　　"小张飞":"你那么多年来脾气都挺好,怎么今天好好的就发火了呢?"

　　　　好朋友:"难道只能让你发火?人的忍耐是有限度的,你发火的时候我一般都不会和你争辩的,可是你也太过分了。"

　　　　然后他朋友就开始列数两年前"小张飞"在哪里发火,还有三年前、五年前,等等。这一连串的话听得"小张飞"满脸通红,心想:"以为你的脾气很好,没想到你是这么记仇的。"结果,这次事情后两人就分道扬镳了。

　　　　因此,在朋友之间,一旦出现不好的近因效应的时候,一定要记住让时间来证明一切,切忌东拉西扯。

4. 工作中的第 101 步

　　在工作中,管理者与员工、同事之间频频交往,近因效应将起到很大的引导作用。

　　一旦双方出现不良的近因效应,该怎么处理呢?古人云:宰相肚里好撑船。这句话有两层意思:一是等级森严;二是人格平等。

　　在工作中,所有成员都必须以管理目标作为行动准则,一级一级对管理目标负责,因此必须做到"等级森严"。

　　在工作之余,工作关系转变为朋友关系,相互之间以尊重对方的人格作为行动准则。因此,必须做到"人格平等"。

　　　　滕总在会议上很严厉地批评了一位年轻的部门经理,这位部门经理表面上看风平浪静,心里却想:"我做了那么多的事情,你都不表扬我。我昨天犯了那么一点点小错误,你就在部门经理会上这么批评我!"会议开完后,他带着怒气转身出了会议室。

部门经理中午在员工食堂吃饭时,老总坐到他的面前。

部门经理:"老总,你怎么来员工食堂吃饭了?"

滕总:"我和你还不是一样,无非是我的存折上比你的存折上多几个零而已。"

就这么一句话,让这个瞬间很感动。两人边吃边聊,一顿饭后他们和好如初。

可见,"第101步"是很重要的。工作中,一是一,二是二,该批评就批评,该表扬就表扬。但要注意的是,批评的话常常会有一部分是过分的,称之为"矫枉过正"。一根钢筋弯了,你想让它回到原样,就要折回过来一点。所以"矫枉过正"的那部分,管理者要在后面调整回来,因此这就要管理者要做到"宰相肚里好撑船",善于主动地、及时地跨出"第101步",以此激励员工、带领员工更好地实现管理目标。

陆总:"好心没好报,技术部小胡是我十年前亲手把他从大学里招进来的,后来一步步提拔他,可就这次一个忙没帮上,他就翻脸不认人了。"

原来,小胡最近升高级工程师,陆总鼎力相助,没想到事与愿违,在最后一关的时候没有成功。此后,小胡看到陆总就绕道走,陆总到他办公室他也一言不发。这样陆总心里当然是很不舒服。

黄老师:"很可能他是把你当好朋友来看待了,九十九件你帮他的事情他是不会忘记的。人心都是肉做的,肯定会有报答心的。但由于他把你当作好朋友来看,因此,高兴时表现给你看,不高兴时也表现给你看。不像一般关系,明明心里很难过,可是看到你老总还得强装笑脸来迎合你。"

陆总:"那怎么解决这个问题呢?"

黄老师:"我教你一个公式:(99+1)+1。括号里的99就是那些你鼎力相助的事情,括号里的1就是最近小胡未升上高级工程师很难受,对你冷漠的这件事情,你把这件事情加以括号,看成是过去了。括号外再加上一个1，这就是说你需要主动迈出良好交往的一步，叫做第101步，肯定能把他的心态调好的。"

陆总："你说得有道理。那我先回去了。"

陆总出去没过半分钟，又走回来了。

陆总："你刚才说的要我主动跨出'第101步'，可我想想毕竟我是老总，他毕竟是我的手下，在面子上怎么下得来呢？因此，想问你能不能让他先跨第101步？"

黄老师："大人大量，虽然你是老总，你先跨出这一步又不见得失身份，反而显得大度呢！"

第二天早上召开中层干部会议，八十几个中层干部聚集在一起，小胡坐在最后一排。陆总在主席台上总结经验，布置任务，最后代表厂部宣布上年度十位最佳中层干部的名单，其中就有小胡。在念到他的名字的时候，陆总特意念得非常响亮。会议开好后，中层干部一一走出会议室，最后就留下小胡。

小胡："陆总，我有一个技术问题要向你汇报。"

陆总听了很高兴，心想："我101步刚跨出去，你102步就接上来了。"那个技术问题已经闷在小胡肚子里好几天了，陆总听了发现这个问题很严重，再不及时解决很可能会造成重大损失。

可见，"第101步"是很重要的，但要做好却是相当难，很多人都会觉得很难自己先跨出这一步。

小夏是位品学兼优的学生，毕业后留在省城一个很好的研究院工作。院长看这个小伙子才华横溢，于是就给他介绍了一个同单位的漂亮女孩子。两个人男才女貌很般配。

没多久，小夏打电话给黄老师。

小夏："黄老师，我国庆节要结婚了。"

黄老师："你们这么快就定下来了？"

小夏："她已经提出要求了，这个星期要去买家具，女方一旦提出买家具，就说明同意嫁给自己了。"

几天后，小夏从银行取了钱，在和女朋友约好的老地方等。无巧不成书，在等女朋友时，碰上了两年多没见面的在外地工作的一个女同学,在大学时期两人比较谈得来。这次这位女同学正好来杭州出差。

路上偶遇让两个人都很激动,四只手紧紧地握在一起,讲了几句话后这位女同学就有事先走了。可是接下来小夏左等右等都没等到女朋友来。

原来,他的女朋友刚才已经来过了,连着叫了他两声,他都是后脑勺对着她,于是就很生气地就管自己回家去了,一边回去一边心想:"还说你很老实,遇见个漂亮女生就激动得不理人了。"

等了半个小时后,小夏给女朋友打电话。

女朋友:"和你认识两年多了,今天总算看清楚你的真面目!"

他刚想解释一下,可是女朋友就把电话给挂断了。结果后来连着四天都约不出来见面。无奈之下,小夏来找黄老师。

小夏:"本想国庆节请您去吃喜糖,可如今女朋友都飞掉了。"

黄老师:"这是近因效应,你的女朋友之所以愿意嫁给你,就是在两年多时间,你99件事情她都是很满意的,这次可能两个人都没有错,只是误会而已,你应该主动跨出第101步。"

可是,小夏回去后,一直把这件事情给拖着,一年半以后才分喜糖。

黄老师:"新娘子是不是就是那个女孩子呀?"

小夏:"那个女朋友后来就没联系了。"

黄老师:"你肯定是没有主动去跨这第101步吧?"

小夏:"跨不出。"

小夏认为自己没错,三个月都跨不出第101步,女孩子的母亲就介绍别人给她,后来出国去了,因此,他和那个女孩子最后还是以有缘无分告终。

第三节　皮格马利翁效应

20 世纪 20 年代科学管理之父泰勒的思想非常流行，在管理领域的应用效果也不断显现。可后来，很多人开始批评泰勒的思想，认为他的管理思想太机械化，没能体现出人性化。因此，很多人就开始研究一个崭新的课题，即管理者与员工之间个人关系的好坏会不会影响到员工的工作积极性，会不会影响到工作效率呢？

一、罗森塔尔和雅克布森的心理实验

1. 教师心理实验

1960 年，哈佛大学的罗森塔尔博士在加州一所学校做过一个著名的实验。

新学期，他们请校长对两位教师说："根据过去几年来的教学表现，你们被认为是本校最好的教师。为了奖励你们，今年学校特地挑选了一些最聪明的学生给你们教。这些学生的智商比同龄的孩子都要高。需要提醒的是，请不要让孩子或家长知道他们是被特意挑选出来的。"

这两位教师非常高兴，更加努力教学了。一年之后，这两个班级的学生成绩是全校中最优秀的。其实，这两个老师是在教师中随机抽出来的，同时他们所教的这些学生智商并不比别的学生高。

2. 学生心理实验

1963 年，他们又做了一个更有名的实验。

他们选择某小学做研究，将教师作为管理者，将学生作为员工，将学生的成绩作为员工的工作积极性。

他们在这所小学里对一至六年级 18 个班的学生进行"发展测验"，等测验结束后，他们给班主任发了一份学生名单，告知班主任说，这名单上列出的 20％学生是班上最有优异发展可能的学生。

教师们看了名单，发现有些学生的成绩确实是不错的，但有些学生则不然，甚至非常差。

8个月以后,他们又来到了这所学校,对18个班级的学生的学习成绩进行了追踪检测。结果发现他们先前提供给教师的名单上的那20％的学生的成绩都有显著进步。而且这些学生的情感健康,好奇心强,敢于在课堂上发言,学习努力,与教师和同学的关系也特别融洽。

事实上,各个班级的这20％的学生,是两位心理学家随机抽取出来的。

这说明,教师与学生之间的关系良好,会促进学生的成绩提升。进一步推论下去就说明,管理者和员工的个人关系好坏对员工工作的积极性以及工作效率是有影响的。于是继续进一步研究,最后提出一个崭新的理论叫做"期望效应",也被称之为"皮格马利翁效应"。

二、谁是皮格马利翁

古希腊时期有一个美丽的古老传说。

> 塞浦路斯的国王皮格马利翁是一位有名的雕塑家。他精心地用象牙雕塑了一位美丽可爱的少女。他深深爱上了这个"少女",并给他取名叫盖拉蒂。他还给盖拉蒂穿上美丽的长袍,并且拥抱它,亲吻它,他真诚地期望自己的爱能被"少女"接受。
>
> 他就带着丰盛的祭品来到阿弗洛蒂代的神殿向她求助,他祈求女神能赐给他一位如盖拉蒂一样优雅、美丽的妻子。他的真诚期望感动了阿弗洛蒂代,女神决定帮他实现愿望。皮格马利翁回到家后,走到雕像旁,凝视着它。这时,雕像变成了活生生的、亭亭玉立的女孩。
>
> 盖拉蒂向皮格马利翁走来,而且会说话了。皮格马利翁的雕塑真的成了他的妻子。

在西方文化中,"皮格马利翁"的意思是:你所得到的,正是你所期望的。

三、皮格马利翁效应

皮格马利翁效应可用一句话加以概括——你所得到的人际认知,正是你所期望的结果。

这种普遍存在的认知双方之间的心理感应现象,也称为期望效应,如果起主导作用的一方期望对方怎么样，这个期望一旦成为对方自身的期望，那么期望就会成为现实。

在工作环境中，作为员工对自己的上司拥有一个美好的期望，认为自己上司会帮助自己，那么这位员工与上司的关系就会比较融洽。虽然目前上司没有很明显地表示过帮助，但相信总有一天上司在某件事情上会对他鼎立帮助，这时这位员工心里原先的期望就会被肯定。所以我们说这种美好的期望是如何产生的呢？答案就是在等待中产生的。

反之，一个员工认为自己的上司对自己有偏见，那么这位员工就很难与上司交往。哪怕上司在会议上表扬了他，原本是件高兴的事情，他还是会曲解，认为上司是个"两面三刀"、作风虚伪的人。如果，某天他真的被上司批评，此时他之前的看法就会被肯定，甚至认为自己"看人很准"。事实上，这都是他自己"等待"出来的结果。

因此，皮格马利翁效应也被这样形容："说你行，你就行，不行也行；说你不行，你就不行，行也不行。"

你所拥有的人际关系，就是你所期望的结果。员工对自己的上司应该拥有一个美好的期望，同样，作为管理者也要发出一个美好的期望。

一个管理者如果认为自己的下属张三是位勤快的员工，那么一次他在工作时间看到张三在休息，内心会产生一个解释："他应该是前面干了很累的活，所以现在需要休息一下。"体现在行为上，这位管理者就会表现出对员工的关心："辛苦了，好好干！"这位张三听到上司这样肯定和鼓励的话，会觉得上司是位体恤员工的好人，在工作上就会加倍努力。

反之，要是管理者对员工李四有偏见，认为这个人是吊儿郎当的。那么即使看到李四在忙着做事情，也会认为对方是做给自己看的，同时表现出对李四的努力工作不理不睬。如果偶然看到李四在工作时间休息，就对其措辞严厉地指责，几次之后李四果然就如上司所期望的那样吊儿郎当了。

在生活中，皮格马利翁效应也可用来调整人际关系。

邢处长："黄老师，我有两个儿子，大儿子32岁，在他小学六年级的时候我就看出他是很孝顺的，会拖地板会烧饭，如今成家了一家三口依旧是很孝顺，经常来看望我们老两口的。但是小儿子从小就很淘气，我早就看出他以后不会孝顺我们的，现在结婚了,几乎是不来看我们的。我想问你的是,现在怎样才能把小儿子的关系调整好呢?"

黄老师:"有一个关键问题,你要把小儿子当作是大儿子来看,过段时间会有效果的。"

过了两个月,又碰到那处长。

邢处长:"我现在和小儿子的关系好多了。"

邢处长在这两个月中,生病住院了一段时间。那天下午5点住进去,6点半的时候,他的大儿子一家三口就拎着水果和两盒保健品来了。他看到大儿子很高兴,聊了很久。

大孙子:"爷爷,我今天有很多作业,要回家去做了。"

大儿子一家走了没多久,小儿子一家三口也过来了,同样是拎了一篮水果和两盒保健品。但是他一看到小儿子就生气,心想:"平时从来不来的,我生病了才来装装样子吧。"不过想到要试着与小儿子改善关系,他的脸部表情就开始改变了,面带微笑。小儿子见此情景心想:"这次爸爸真的是生重病了,以前看到我都是凶巴巴的,这次看上去挺高兴的。"小儿子小心翼翼地把东西放在桌上,生怕被父亲扔到窗外去。看到父亲接过去放在床头柜上,他很激动,那么多年来这还是第一次。

邢处长:"我生病住院的这段时间发现,原来小儿子的孝心不比大儿子差。大儿子是定期来看我,星期三晚上6点半来看7点钟回去,这个月来了四次。但是小儿子则不定期想到就来,有一次整天都陪着我。"

假设第一次小儿子来看的时候,邢处长把水果篮和保健品都扔出窗外,再骂他一通,那么这个小儿子还敢不敢来呢?肯定是不敢来了,那样理所当然显得大儿子孝顺多了。

四、美好愿望的传递

皮格马利翁效应中,存在美好愿望传递是否成功的问题。

可怜天下父母心。做父母的个个望子成龙,望女成凤。要实现这种期望,就要求父母能准确地将美好愿望传递出去。传递有三种情况:

第一种情况,传递得很好,把自己的期望让子女都了解,并且成为自身的期望,那他们的子女很可能真的会成龙成凤了。

第二种情况,传递的效果不好,一部分传过去,一部分传不过去,这样就要看传过去的内容是什么和子女对父母期望的理解程度了。

第三种情况,父母急躁心切、拔苗助长,结果欲速则不达,好的没有传过去,传过去的都是“垃圾”,实际结果就会南辕北辙,成才就变得遥遥无期。

戴总:“幼儿园老师和我妻子说,我的女儿是弱智,我急死了。”

后来经了解,幼儿园老师的原话是这样的:“你的女儿太嫩了,我让她回答问题就会哭得很伤心,别的小朋友拉拉她的手也会哭,能不能等她老练点以后再来读书呢?”没想到他的夫人理解错了话。

黄老师:“你的女儿绝对不会弱智的,你女儿生下来三个月我来看她的时候做过一个心理实验,证实她很聪明。我轻轻地挠她的脚底板,六个月前的婴儿一刺激,如果脚趾往后面抽,抽得越厉害说明越聪明,要是一点都不动,那就是先天弱智。

戴总:“啊?是这样的。”

黄老师:“你女儿一周岁的时候也抱过来让我看过,同样是挠她的脚底板。如果六个月后脚趾是继续往后抽,是先天弱智,如果是往前抓,就是很聪明的。”

晚上黄老师到戴总家。黄老师先和他开始下棋。不一会儿,听见卧室里传来戴总夫人母女的对话。

戴总夫人:“宝宝,我们来说英语好不好?”

这时,就听见他女儿很乖地说:“好的,ABCDE……”念的都很清楚,但是念到“F”的时候就念不出来了,他的夫人很生气。

戴总夫人:“大笨蛋,连 F 都念不出来,算了,妈妈教你数学。”

他女儿在房间里开始数数,数到 19 以后就数错了,又被妈妈骂了一通。

戴总夫人:“真是十三点,这都错,不要背了,我们唱歌吧。”

黄老师:“就这么短短几分钟,我们一盘棋都没走好,你的夫人就已经把英语、数学都教过了,现在又要教唱歌了。"

戴总:"天天如此。"

黄老师:"天天如此就不对了。"

戴总:"早教不好吗?"

黄老师:"不是早教不好,你夫人肯定是出于美好的愿望,希望女儿能像神童,七国外语精通,数理化精通,这些都是很好的期望。但是,我做了一个统计,在几分钟里,你夫人已经将12个'大笨蛋'、'十三点'传递给你女儿了。你女儿这么小,心理素质还不稳定,很容易产生心理定势。当老师问她问题时,她突然想起自己是大笨蛋,才会哭的。当小朋友拉她的手,她想到自己是十三点,也就哭了。"

在人际交往中,为什么会与某些人的关系比较好,而与另一些人的关系比较冷淡呢? 这些基本上都取决于自己的期望。在工作中,上下配合默契是最理想的工作关系,要是上司对下面员工不断地通过会议、会餐、唱歌等各种群体活动把自己美好的愿望传递给全体员工,那么下属对上司的"执行力"就会很大程度地提高。要是员工在工作和活动中都对上司抱有一个美好的期望,那他在工作过程中也会很顺心。

皮格马利翁效应告诉我们如何让我们的人际关系更融洽、更美好。

除了上述的三种人际认知效应之外,还有晕轮效应、刻板效应等人际认知效应。所谓晕轮效应,是指意象过分夸大了认知对象的优点或缺点。所谓刻板效应,是指对某人的意象成为固定的模式。

第四节　人际认知偏差

一、人际认知偏差的定义

所谓人际认知偏差是指由于认知方法不正确而引起错误人际认知的现象。它是以错误的方法运用被认知对象的感觉、知觉形成人际认知的过程。人际认知偏差具有以下特点:

（1）不具有恶意歪曲性。人际认知偏差是由于认知方法不正确而引起的，也是经验不足的表现。认知者的出发点是想形成被认知对象的正确认识，不具有诽谤、造谣、攻击等恶意。

（2）不具有认知障碍特征。认知障碍是由于认知者存在心理障碍而引起的病态人际认知，而人际认知偏差则不具有这种特征。因为，认知偏差只是认知方法不当而引起认知错误，一旦认知方法得到改进，也就会避免这种认知偏差。

二、人际认知偏差的主要表现

1. 第一印象

第一印象是在初次人际交往过程中形成的认知意象。它与首因效应类似，但首因效应是形成感觉，而第一印象是形成知觉或意象。例如，有位人事负责人在面试一位大学生时，三言两语就结束了，表示不予录用，原因是由于这位大学生五官不端正。这就类似于曹操初次见到张松那样："见松人物猥琐，五分不喜；又闻语言冲撞，遂拂袖而去。"

心理学家鲁狄斯研究了第一印象后，发现第一印象的产生是建立在大量感性认知基础上的一种直觉。因而，总是根据自己的好恶习惯来考虑对他人是喜欢还是厌恶。由于这种直觉往往是不科学的，因此，第一印象很少能正确反映对方的真正品性，从而出现大量的认知偏差。

2. 个人成见

所谓个人成见，是指用既往已经形成的态度去判断人和事。心理学家沃尔斯认为，成见是一种不依真理判断的倾向。心理学家莫尔斯认为成见就是人们脑子里先前就已经存在的对人、对事物、对于某人思想表示赞成或反对的想法。

成见形成人际认知偏差的方式，极类似于"张冠李戴"，即认知者将心中的一种模式，硬套在被认知者头上。这种模式有些是来自以往对被认知者的意象，有些来自于社会观念。

如几年不见，老朋友之间也会出现一种陌生感，这是意象更换的过程。有些单位不愿意录用女大学生，这就是来自社会观念。

3. 主观尺度偏差

所谓主观尺度，是指认知者由个性决定的评价系统。其中价值观起着决定作用。当双方的价值观相近时,容易形成"知己",而价值观有冲突时,就是"话不投机半句多"。

4. 单向思维偏差

所谓单向思维偏差,是指认知者违背了一分为二的认知原则,以"一刀切"的认知方法对待人际认知。例如某教师认为某学生经常打架,结果就认为是"朽木不可雕也",而事实证明,这位学生也有乐于助人的一面。

5. 归因偏差

所谓归因偏差,是指人们往往把自己的失败归因于外界因素,把自己的成功归因于内在因素;而把别人的失败归因于他的内在因素,把别人的成功归因于他的外界因素。例如,认为某某事业有成者有"靠山";在自己不顺利时诿过于人。

6. 社会认知偏差

所谓社会认知偏差,是由社会政治、经济、文化、心理等各种因素错综复杂地交织在一起,并深深扎根于社会成员心中的认知现象。社会认知偏差主要体现在个人成见之中。

三、关于人际认知效应与人际认知偏差的讨论

1. 人际认知偏差和人际认知效应有何不同

对于人际认知效应,有人也认为这些都是认知偏差的起源。这显然是不对的。因为,认知偏差与认知效应不一样。认知偏差属于一种错误的认知,是由错误的感觉、知觉所引起的,也就是由错误的认知方法引起的,是完全可以避免的。而认知效应却是一种认知规律所产生的现象。认知效应之所以会引起认知不正确,不是由于认知者的方法问题,而是由于其他原因所导致的。

如皮格马利翁效应就是表现出很稳定的客观规律性。晕轮效应相对而言容易出现偏差,但这种偏差本身并不严重。这种不严重性表现在,人们都能自觉地加以纠正,就好像纠正行为中的惯性那样。如果说,这种偏差很大,那就不属于晕轮效应,而要归因于认知偏差。

2. 为什么人际认知偏差现象很普遍

诸如公共生活场所中的人与人之间、工作中的同事之间、学习中的同学之间、管理者与员工之间稍有不慎,就会出现一些不愉快的事情,或者

出现一些敌对情绪,甚至出现一些争斗。这些不良事件中,必然伴随着认知偏差。

例如,正当青年甲扶着病弱的母亲上公共汽车时,只听母亲"哎哟"一声。原来,青年乙挤车太猛,踩到甲母亲的脚上了。甲大怒,大声训斥乙:"狗杂种!"此时的乙,本来在嘴边上的道歉的话也变了味:"疯子!"顿时,气氛变得紧张,还好甲的母亲制止住儿子,才避免了一场恶斗。

在这个案例中,甲产生了单向思维偏差,乙则对甲第一印象不好。还是甲的母亲比较理智,不把乙看成坏人,而对之宽容,对儿子疼爱,但也不是看得全都好,而给以批评。

事实证明,由于人际交往中双方都是多变量的人,双方的评价都具有极强的主观性,再加上认知条件的种种限制,很难把握的不仅仅是被认知者的心理,而且对自己的心理也是很难把握。因此,人际认知偏差的情况很多。

人际认知偏差能否避免?回答是肯定的,这就是"人贵有自知之明"。

通过认清人际偏差的根源,时刻把好自己对他人产生意象的关口,对所形成的感觉、知觉、意象经常进行"由表及里,去伪存真"的严格选择,就可避免人际认知偏差的出现,而形成比较符合对方的意象。这也就有赖于掌握人际认知的方法。

第八章　认知冲突

认知冲突是每天都会遇到的问题。

按照主体来分,可分为群体冲突、人际冲突和内心冲突。比如,车间一与车间二两群人冲突,形成群体冲突;甲和乙观点不一样形成人际冲突;每个人体会最深的就是自己关于某些问题存在很多想法,这些想法也可能会互相冲突,叫做内心冲突。

按照目标来分,冲突分为建设性冲突和破坏性冲突,建设性冲突围绕同一个目标,但意见不同,像这样的冲突是应该鼓励的;破坏性冲突,指的是目标不一样,这样的冲突是要避免的。

楚汉相争时期,项羽在大敌面前决心"破釜沉舟",士兵的逃跑之心荡然无存,以死相拼,反败为胜;而在"四面楚歌"之中,项羽的数万士兵纷纷逃跑。显然,在群体中,成员之间的认知是相互感染的。作为管理者来说,务必要做到"三管齐下":确立积极的认知;提高士气;增强凝聚力。

本章着重探讨四个问题:如何把握认知冲突;如何唤醒积极的群体心理;如何提高士气;如何增强凝聚力。

第一节　如何把握认知冲突

无论是群体间、人际间,还是内心中的冲突,本质上是利弊冲突;无论是建设性冲突,还是破坏性冲突,本质上也是利弊冲突;从利弊来分,可分为三大冲突:两利冲突、两难冲突、两利两难冲突。

一、两利冲突

1. 何谓两利冲突

两利冲突可以用图 8-1 来表示。

图 8-1　两利冲突

当事人得知往东面发展有利，同时往西面发展也有利，但只能选择一个方向，这时形成两利冲突。

两利冲突看起来非常好，但当事人恰恰处于难以形容的心理危机之中。

> 一头驴肚子饿了在找草吃，突然发现东边有一堆草，它刚想往东走时发现西边也有一堆草。这头驴左看看，右瞅瞅，徘徊不定，不知道该吃哪一堆草，最后，这头驴饿死在两堆草之间。

关于这则寓言还引申出一个很有趣的名字，因为这头驴是法国哲学家布里丹"养"的，所以对这样的现象称之为"布里丹毛驴效应"，其中反映的就是两利冲突的问题。

这则故事不是说驴笨，而是说，每个人在两利冲突中都会出现心理危机。

> 一名英俊的摄影师遇见一位漂亮女孩，两人坠入情网。三个月后，女孩把他带到家里，让自己的父母亲看看。女方的母亲觉得他很不错，相貌好，性格好，职业也不错，于是就暗示他们可以早日结婚。
>
> 没想到，两人谈了一年多还没有结婚，未来的丈母娘召见准女婿。
>
> 女友母亲："你老实回答我，你是不是同时喜欢上了我的两个女儿。"
>
> 摄影师："好像确实是这样。"

原来,这位女孩还有一个小她两岁的妹妹。自从他去过女方家里之后,以往的两人行变成三人行,摄影师与姐妹俩都处得很好。可是,谁和谁在谈恋爱呢?似乎模糊不清,婚事也就拖了下来。

女友母亲很严肃地告诉摄影师:"你一定要想清楚,只能挑一个。给你三个月的时间,你必须选出一个,马上结婚。不要拖累大家。"

一个月,两个月,到了第三个月的最后一天,摄影师终于做出了决定——在家中自杀了。他在遗书中写道:"经过九十个日日夜夜的痛苦思索,我无法做出选择,还不如自己死了。"

2. 力求避免两利冲突

面临两利冲突的时候,是很难做出选择的。在工作中,有两种情况下要避免"两利冲突"。第一种情况,不要在两种类似的事物前让对方选择。

朱经理:"员工的心态真是摸不透!这个季度销售业绩好,想给每个员工奖励一千元的东西,问他们买床上用品好还是买家用电器好。大家竟然定不下来,没办法,只好直接发钱,让他们自己买。"

黄老师:"这是两利冲突了,他们选不出来的。"

朱经理:"是啊,都讨论了一个小时,还定不下来!"

第二种情况,在晋升某人的时候,切忌给对方两个岗位让其选择。

小江:"黄老师,请你帮忙啦。"

小江读大学期间,团支书工作做得很出色。毕业后,也一直从事团工作。六年后,省委组织部要提拔小江为正处级领导。给她一个星期考虑,在两个岗位中选其中的一个。一个是团市委书记,另一个是市政府办公室主任。一个星期很快就过去了,小江还没有作出决定,于是希望黄老师为她作个决定。

黄老师想:"这是两利冲突,如果我帮她作主张,肯定不行。她在工作中遇到困难时,往往会埋怨帮她出主意的人。这两个岗位无论选哪个岗位,其实都是挺不错的。但是任何人在两利冲突中都会犹豫不决,只能是引导她。"

黄老师："你觉得哪个工作做得比较顺手，就做哪个工作好了。"

小江："团工作肯定顺手的。那就团工作吧。"

过了没几分钟，电话铃又响了。

小江："团工作做了那么多年，一天到晚和年轻人打交道。在市政府办公室的话，和上层打交道，可以多一点锻炼。"

黄老师："那也好，多做几个岗位，积累各方面经验，是很好的。"

小江："好，那就到市政府办公室。"

第二天清晨六点半，小江又打电话来。

小江："黄老师，再过一个小时就要去汇报了，可是我还没有定下来呢。怎么办？"

黄老师："时间很急，你身边有没有硬币？正面是团市委书记，反面是办公室主任，你抛抛看，凭天意啦。"

"抛硬币"不是迷信，而是两利冲突的解决方法。类似"抛硬币"的方法很多，目的是让当事人在两利冲突中果断行事。当两个发展方向都相当有利时，一定要区分出其利弊是很困难的。

郑总："哎呀！这个儿子怎么这么搞不清楚。博士毕业半年了，还不肯上班。两个岗位让他挑：杭州总部的人力资源部总经理，宁波分公司总经理。可他半年了还定不下来。"

黄老师："你儿子陷入两利冲突了，选不好的。最好是推行'八小时行文'制。"

郑总："八小时行文制，怎么做？"

黄老师："董事会决定任命他某个职务后，八小时行文。不要让他在两个职务之间左右徘徊。"

第三天，郑总打电话来："总算到宁波去了。"

总而言之，两利冲突会令当事人产生空前的心理危机，要尽量避免。

二、两难冲突

1. 何谓两难冲突

两难冲突可用图8-2表示：

图 8-2　两难冲突

当事人得知如果往东面发展会有损失,往西面发展也会有损失,但是必须在两者中选择一个,这样的情况就是"两难冲突"。

在管理工作中,有两种情况可以运用两难冲突:一是在处分员工违纪行为时;二是在激励员工积极性时。

2. 用两难冲突处分违纪行为

当要处分某个员工的时候,要做到"以人为本",要考虑对方的心理感受,这个时候就要给他一个两难冲突。在两个处分当中,给他一定的时间,让他自己选择一样。这样做很必要,也很有利,处分依旧处分,但可以避免他产生攻击力,这就是两难冲突的妙用,此所谓"对事不对人。"

李总经理的企业规模很大,他姐姐就想让刚刚大学毕业的儿子到他这里来工作,让做舅舅的他重用外甥。

李总让外甥到每个车间轮训一个月。一次,外甥在值夜班的时候,由于操作不规范,把电动机烧掉了。

李总:"别人一辈子干下来都不出问题,他一个月就出事情。要不要处分呢?"

黄老师:"处分是要处分的,规章制度是刚性的,不能因为是你的外甥就随便破坏规章制度。"

李总:"那该怎么处理呢?"

黄老师:"电动机烧掉,你有几种处分方案?"

李总:"一种是赔偿 1000 元,另一种是降一级工资。"

黄老师:"这件事情让办公室主任出面就好了,告诉你外甥这两种处分方案,给他三天时间选一样。"

第二天,办公室主任笑容满面地接待他的外甥。

主任:"你是大学生,老总又是你舅舅,能力又出色,以后真是前程无量。我们按照惯例，对于这次的事情还是要处分一下的，给你三天时间，由你自己定，是一次性赔偿一千元，还是降一级工资。你定下来了告诉我，让我好发文，好不好？"

李总的外甥同意了。他外甥问了自己的几个好兄弟，几个好兄弟的意见是一致的，都认为一次性罚一千元好，这让他心里有了底。第二天，他又问了另外几个朋友，给的也是这个意见。于是第三天他心情愉悦地来到主任办公室。

李总外甥："主任，就罚一千元好了，你发文吧。"

办公室主任百思不得其解，罚一千元还这么开心，似乎捡了大便宜。

"以人为本"就是要我们从心理层面去考虑如何处理问题。在这件事情中，如果用生硬的方式去解决，哪怕是罚五十元钱，他外甥心里也会产生芥蒂。八个小兄弟，你加点油我煽把风，"连自己外甥都要罚。""他是不是缺钱要拿五十块钱用一辈子呀。""你舅舅真不是个人！"几句话就能把外甥的攻击力激发出来了。

给他设置一个两难冲突，事先他征求了八个小兄弟的意见，事后告诉他们结果。那八个兄弟还会很高兴，认为都是自己出的主意，当然也就不会发生煽风点火的事情了。

在管理工作中，若是员工不小心违规，切忌生硬处分，以免直接影响员工的情绪。应该给他时间，让他询问有关朋友的意见，这样做既可以使处分顺利实施，同时又维护了员工的尊严，避免负面影响。

3. 用"两难冲突"激励积极性

第二种妙用，就是要激励对方的时候，管理者可以精心策划两难冲突。我们每个人都觉得工作是很辛苦的，但为什么还是要努力地工作呢？就是因为大家都处在一个两难冲突当中。

工作是很累的，不工作又没钱。要么工作，要么不工作。这个过程中就形成了一个激励，大大地促进了每个人工作的积极性。这种激励同样可以用在日常生活中。

宋总经理："告诉你个好消息，我把你说的两难冲突策略用在家里了，效果很好。"

黄老师:"你用在谁身上呢?"

宋总:"我用在儿子身上。"

黄老师:"你儿子几岁?"

宋总:"七岁半。"

她的儿子七周岁生日一过,这位母亲就决定要培养儿子的劳动意识和劳动习惯,因此,每天晚上把各个房间的垃圾袋捆好,集中在一起让儿子去倒。每次让她儿子去倒垃圾的时候,他都很不情愿。

那天,吃好晚饭,她把碗筷堆成一堆,再把垃圾捆成一袋。

妈妈:"儿子,你过来。"

儿子:"妈妈,什么事情呀?"

妈妈:"妈妈现在有两件事情要做,一件是洗碗,一件是倒垃圾,你做一件,妈妈做一件,先让你挑。"

儿子:"妈妈,我去倒垃圾啦。"

这次,她儿子可是一点都不委屈了。自从那天开始,她儿子每次在吃完晚饭后,都会主动地问:"妈妈,垃圾袋有没有捆好?"生怕她故意把垃圾先倒掉,让他去洗碗。

总而言之,两难冲突用得好,很有积极意义。用在处罚员工的违规行为中,体现出管理的人性化;用在工作分配中,可以产生激励效果。

三、两利两难冲突

1. 何谓两利两难冲突

"两利两难冲突"可用图 8-3 表示:

图 8-3 两利两难冲突

你告诉当事人,往东面发展很有利,但失去西面会造成一些损失,同时,你又告诉他如果往西面发展也很有利,可是失去东面也会有损失。两者之间必须选一种。这样就形成了两利两难冲突。

　　老大爷让小孙子坐在驴上，赶集卖土产。

　　只听有人说，现在的小孩子就是被这样的老人所宠坏，小孩总应该锻炼锻炼呢！老大爷觉得有理，就让小孙子下来走路，自己坐驴。

　　走不多远，只听有人说，这位老头不像话，一点都不疼小孩。老大爷连忙又把小孙子抱上驴背。

　　刚坐稳，就有人发话，太狠心喽，小驴还不被压死！

　　老大爷干脆让自己与小孙子都走路，土产也自己驮。不料引来两边的人大笑，说他有驴不骑，真傻！

2. 十个指头弹钢琴

　　如果你是决策者，每当自己决策的时候，会不会很费心思呢？肯定是。因为在决策中，解决一部分人的问题时，却不利于另一部分人的利益。一碗水端平是可以做到的，但这是一个动态中的平衡过程。正所谓：十个指头弹钢琴。

　　毛泽东在《党委会的工作方法》一文中要求领导干部在决策中学会"弹钢琴"。弹钢琴要十个指头都动作，不能有的动，有的不动。但是，十个指头同时都按下去，那也不成调子。要产生好的音乐，十个指头的动作要有节奏，要互相配合。凡是有问题的地方都要点一下。钢琴有人弹得好，有人弹得不好，这两种人弹出来的调子差别很大。

　　在洪水期一个水库必须要开闸放水。如果直接开闸，甲乙两县都会受到重大损失。省领导通过专家论证，决定只从甲县放水，保护乙县。凡是洪水经过的地方，田地的表层土壤都没有了，要几年时间才能恢复耕种能力。在这个决策中，甲县受到损失，乙县受益。

　　一个风景旅游区属于甲乙两县共有，在开发这个风景旅游区时，省政府决定把这个开发权只归甲县。在这个决策中，乙县受到损失，甲县受益。

　　这就是省政府的决策在动态中做到了双方互惠。

四、共同动机法

1. 何谓共同动机法

如果合作的双方意见不一致，那么，从双方的意见中找出共同动机，从共同动机着手寻找合作的方案。这种方法称为共同动机法。示意图见图8-4。

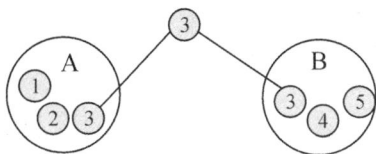

图8-4　共同动机法

如图所示：A方的意见是1号动机、2号动机、3号动机；B方的意见是3号动机、4号动机、5号动机。双方拥有3号共同动机，因此，双方可以从3号动机入手进行合作。

共同动机法可以用于国家大事，也可以用于个人琐事。

2. 万事开头难

在管理工作中，协作的两个群体之间往往在操作方案上有争论，一旦各执己见，必定影响工作的进展。作为管理者来说，关键是找出双方的共同动机，正所谓"万事开头难"。

只要强调共同动机，以此开出双方合作的头绪，接下来合作会越来越顺利。因为，A方的1号动机事实上是B方的4号动机，2号动机是5号动机。只是表述不一样，实质是可以"异途同归"的。

　　我国在改革开放过程中，理论界有两种观点：一种观点认为，中国的经济要发展，必须坚持社会主义计划经济；另一种观点认为，中国的经济要发展，必须改革为社会主义市场经济。对于某些经济发展的问题，出现了"姓资"和"姓社"的争论。如果是理论争论，那是"百家争鸣"，但事实上人们都在等理论争论的结果。尤其是民营企业积极性很高，生怕自己在姓"资"和姓"社"的路线问题上犯错误。

　　1992年1月18日至2月21日，邓小平在武昌、深圳、珠海、上海等地视察时指出，改革开放迈不开步子，不敢闯，说来说去就是怕资本主义的东西多了，走了资本主义道路。要害是姓"资"还是姓"社"的问题。

计划多一点还是市场多一点，不是社会主义与资本主义的本质区别。计划经济不等于社会主义，资本主义也有计划；市场经济不等于资本主义，社会主义也有市场。计划和市场都是经济手段。

有些理论家、政治家拿大帽子吓唬人，是不对的。发展才是硬道理。

邓小平在两派经济理论家的争论中，找出双方都希望"我国发展经济"的共同动机。提出双方都以此开展共同行为，从而清除了理论争论对改革开放的严重障碍。

3."清官"易断家务事

家务事为什么很复杂呢？因为家庭成员之间有着千丝万缕的关系，一旦冲突，主题很容易被众多的因素搅混。知道有利弊关系，却是亲情在起作用，欲得利，给他利时又不想对方受损害；欲避害，退避时却不想自己受损害。因此，正所谓"清官难断家务事"。在这种情况下，运用共同动机法是比较好的。

来询者："黄老师，我已经 29 周岁了，八年时间抗日战争都结束了，我的地下恋爱却八年还没结果。"

她 21 周岁大学毕业，很好的工作单位，好几位男士都在追求她。她告诉自己和小张比较合得来。没想到，她母亲不同意她和小张交往。于是，她告诉小张以好朋友对待。小张加倍殷勤。

半年后，她告诉母亲自己觉得还是小张最合适，并且小张也已向自己求婚。她母亲很生气，还是坚决不同意他们结婚，并威胁不然就断绝母女关系。这让她陷入两利两难冲突，如果答应小张，两人会恩爱地过上幸福生活，但失去母女亲情很痛苦；如果不答应小张，母女关系可以一如既往，但又舍不得小张。于是就开始了地下恋爱，一谈就是八年。小张比她大四岁，他妈妈对她也很好，还催他们早日办婚事，盼着抱孙子。

来询者："该怎么办呢?"

黄老师："你这个问题就是两利两难冲突,解决的方法就是寻找'共同动机'。"

来询者："那共同动机是什么呢?"

黄老师："这个问题如果要问我的话,我至少要做半个月的调查研究。最好是动用现有资源,叫上你几个好姐妹,她们必须既了解你男朋友,又了解你母亲。然后分析一下他们两人的共同动机。"

第二天,她果然叫来了五个好姐妹,每个人都已经结婚,都有小孩,她虽然长得最漂亮却还没有结婚。姐妹们商量了很久,其中一个做护士长的小姐妹想到一个好办法,获得了大家一致的同意。

第三天,她骑车去上班。没多久,她妈妈接到护士长打来的电话。

护士长:"阿姨,你现在快点来医院,你女儿出车祸了。"

她妈妈一听,心里急得不得了,眼泪瞬间就流下来了,急忙赶到医院。看到女儿的腿被厚厚的石膏固定着,连忙去问护士长。

母亲:"她的腿治好会怎么样?"

护士长:"不会怎么样的,无非是一只脚长一点,一只脚短一点。"

她妈妈一听就更伤心了,心想这下女儿岂不是残疾了。正在这时,小张也赶来了,急切地问护士长情况,护士长用同样的话回答他。小张在那么多人的面前当场发誓。

小张:"无论她会不会残疾,这辈子非她莫娶! 请求阿姨把你女儿嫁给我。"

母亲想了想,"随你们了。"

其实她根本没有受伤,这只是一个计谋而已,无非是想找出双方的共同动机。男朋友口口声声说爱自己,那在关键时刻是不是真的爱自己呢? 母亲口口声声说全部都是为了自己好,那在关键时刻是不是真的站在自己的角度考虑呢?

万事俱备，只欠东风，等腿"治好"以后很快她就与小张顺利结婚了。

第二节　如何唤醒积极的群体心理

一、群体及其心理

群体是在心理上相互联系、相互依赖、相互影响，在行为上为了某种共同目标而相互作用的一群人。

凡属群体中的成员都具有以下特征：

(1)各成员都认识到，大家具有共同的目标。这个目标的达到，需要各成员的共同努力。这个共同目标也是全体成员共同利益的所在。

(2)各成员间都具有交换信息的条件和确定的信息通道。即一方在需要时，都能与对方进行心理上、思想上、行为上的交往。如指示、命令、申请、报告等。

(3)各成员在完成共同任务时，各自分担着确定的职责。如领导、被领导、决策者、工作人员、职能部门等。

(4)群体中有确定的行为规范，使各成员认识到在共同活动时，必须以此约束自己的言行。如组织纪律、规章制度、公约守则等。

(5)各成员的心理上都具有"我们"这个感受，即把自己与其他成员归于同一类人。

群体心理即指群体中大多数成员共同形成的心理特点。

群体心理的作用可以分为对外作用与对内作用。

群体心理的对外作用，体现为处理本群体与社会各界之间的关系。任何一个群体都需要社会各界的支持，但也难免在某些问题上与某些群体或个人产生一些矛盾，因此，群体就要发挥对外作用，积极发展友好的关系，并妥善处理矛盾。

群体心理的对内作用，首先体现为完成任务，达到共同目标，其次体现为满足成员的心理需要。完成任务是群体共同发展的前提，如果不能完成任务，群体就将缺乏物质条件，从而进一步丧失成员的信任。如果长期不能完成任务，群体势必解体。如企业的破产，就是一种群体解体的形式。群体必须能够满足成员的心理需要，如安全需要、成就需要、社交需要、生活物质需要。如果这些需要不能满足，成员就会缺乏凝聚力而产生离心力，甚至离开群体。

二、群体心理效应的特点

所谓群体心理效应是指群体中的成员接受群体意志的影响，在心理和行为上发生变化的心理现象。

群体心理效应的特点是：

(1)具有个体性。即首先表现为成员的个体心理在群体的影响之下产生变化。没有这种个体心理的变化，就不能形成群体心理效应。

(2)具有群体共变性。即各成员在同一群体意志之下，出现了一种较一致的心理变化，从而在各成员之间出现相近的心理和行为，并形成群体在这一种情境下的特殊心理。

(3)具有层次性。即群体中各成员之间的心理变化程度有着层次上的差别，从而出现"积极、一般、消极"的不同层次。

(4)具有客观性。即群体心理效应是不以个人意志为转移的现象。只要有一个群体意志出现，个体就会出现相应的群体心理效应，而不是某个以个体身份出现的成员所能制止或能避免的。

因此，在战争中，战败方有"兵败如山倒"之说，这就是在指挥不力、群体精神涣散的情况下出现的消极的从众行为，而战胜方则有"势如破竹"、"所向披靡"的积极心理。这两种情况都是群体心理效应的具体表现。

三、常见的群体心理效应

1. 社会促进效应

当个人与其他人一起工作时，由于他人在场，激发了自己的工作动机，因此所取得的工作效率要比单独进行时好得多的现象，称为社会助长效应。研究证明，如果某种工作的效率的高低是与工作者激情的大小成正比，工作者的激情越大，工作效率越高，那么，这种活动就具有明显的社会促进效应。例如运动员的技能与自身的激情很有关系，观众越多，其技能发挥得越好;"拉拉队"成员越多,或者在主场比赛,更是如此。如讲演、艺术表演等等工作都具有明显的社会促进效应。

2. 社会致弱效应

当个人在群体中所取得的工作成绩、工作效率,要比单独进行时要差得多的现象,称为社会致弱效应。研究证明,如果某种工作的效率的高低与激情的大小成反比,工作者的激情越大,工作效率越低,那么,这种活动就具有明显的社会致弱效应。例如建筑师在案头进行建筑设计、科学家在实验室进行实验、医生在手术台上做手术等情况下,就不宜有观众在旁。因为,这种情境中,工作者需要的不是激情,而是一种冷静的心态。一旦有观众在场,反而会干扰工作心理,造成不必要的耽误和过失。

3. 社会标准化效应

社会标准化效应是指成员在群体共同活动中对事物的知觉、判断以及对工作的速度、生产的数量趋于同一标准的倾向。

成员在群体中由于情、知、意都有一致之处,进而通过相互影响、相互作用,产生模仿、感染、暗示、遵从等心理过程,而出现群体的行为常模,这种群体常模又进一步成为群体的标准,从而出现社会标准化效应。

例如,班级公约、寝室制度、居民守则、高校学生行为准则、乡规民约、车间定额管理准则、各种传统风俗习惯等等都是属于社会标准化效应的表现。

社会标准具有两种主要功能。

首先,社会标准是一种社会舆论中的评价尺度。例如,某工人生产的次品率超过管理标准,他就会受到舆论的谴责。某学生在考试中作弊,就会被学校处分。而某辆火车几十年如一日安全行车,显著地超过一般的水平,这个机组就会得到高度的表扬。某教师教学能力突出、思想品德优秀,他就会被评为优秀教师。这些贬褒就是依据社会标准而得出的。

其次,社会标准使众成员得到行为导向。群体之所以要奖励先进,目的在于树立学习榜样,而树立学习榜样就是一种行为导向的方法。群体之所以要处分违规行为,目的在于矫正当事人的不良行为,并期望其他人引以为戒。

但是,社会标准需要及时得到改进。因为,社会标准是根据一定社会发展的需要而形成的。因此,当社会发展产生新的需要时,原先的社会标准也就意味着需要改进。这时,继续使用将会出现降低工作效率的现象。如某车间在没有采用电脑之前,车间质量管理标准、定额标准是根据当时的工人的一般水平规定的,采用了先进科技后,是否还采用原先的标准呢?显然是要重新制定相应的标准。

4. 从众行为

所谓从众行为,是指个体与群体中多数成员意见和行为不一致时,常不自觉地感受到群体的影响与压力,而在知觉、判断和行为上表现出与多数成员相一致的感觉。

美国社会心理学家阿希(S. E. Asch)所做的三垂线从众实验(见图8-5)证实了这种群体心理效应的存在。他于 20 世纪 50 年代,以大学生为测验对象,组成多个实验组,每组成员为 7～9 人,其中 1 人为实验对象,其余人都是他的助手。他以下面的两张图作为实验工具,让被试通过目测判断右图中哪根线与左图中的线一样长。他先让助手们当着测验对象的面作出某个一致的错误判断,如认为左图上的线条与右图中 C 线等长。最后让测验对象作出判断,结果是 37％的测验对象作出从众行为,也作出了错误判断。而在没有助手参加的情况下,错误判断率只有 1％。

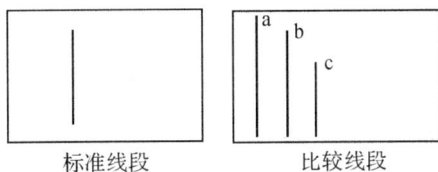

图 8-5 三垂线从众实验示意图

从众行为有四种情况:口服心服、口服心不服、口不服心服、口不服心也不服。

5. 社会顾虑倾向

所谓社会顾虑倾向是指个人在大庭广众面前由于感到不自在,其心理和行为表现出与一般情境下不尽相同的现象。

四、关于群体心理效应的讨论

群体心理效应总是处于动态之中,不同的个体、不同的群体背景、不同的社会传统文化都会影响它的变化。群体心理效应的成因主要有以下几点：

（1）个体对面临的问题把握不准。工作当中，许多问题都是很难预测其后果的。例如，在进行某项工作时，甲、乙两人都各自提出自己的处理方法，丙由于对这个问题没有把握准确，所以没有提出自己的方法。此时，丙看见大伙基本是赞成乙的做法，也就往往出现"随大流"的群体心理效应。

（2）自己有独特见解，但不愿承担群体压力。例如，每个人都有这种体验，当自己对某一工作有一种新见解时，总是在充分考虑群体意见后，才会加以表达。如果，发现群体压力很大，也就会让这种见解"就地消化"，而采取从众行为。如班委决定春游地点是"三潭印月"，而自己的想法是去"龙井"，但是看看同学们都意见一致，也就举手赞同。

（3）某种情境有明确的公认标准。在这种情境下，为了使自己符合情境需要，个体成员就会产生种种群体心理效应。例如，在技术攻关誓师大会上，群情激奋，从而使每个成员的工作动机受到激发，表现出社会助长倾向，形成非攻下技术难关不可的决心。

（4）个性社会化的内在要求。个体都有一个希望自己被社会认同的"个性社会化"要求。如粗犷与细腻、好动与文静、刚烈与温柔等等都分别被认为是男女个性的特点。这些也是社会化的结果。这些社会认同，通过个体的自我知觉度，通过社会评价机制，而使男女个体都产生一种内驱力，使男子更趋于"男子汉"个性，而使我国女子更趋于"东方女性"的个性。与此同理，每个群体都有自身特色的群体意识，这种群体意识通过评价机制、行为机制，使成员产生向群体意识靠近的内驱力，使个人意志依群体意志的变化而变化，使个人意识与社会意识取得一致，从而形成群体心理效应。

第三节　如何提高群体士气

一、士气的含义与特征

所谓"士气"，原意是指军队参战时的勇气。

《左传》中记载了"曹刿论战"的故事："公与之乘,战于长勺。公将鼓之,刿曰:'未可。'齐人三鼓,刿曰:'可矣。'齐师败绩。"这里记载的是,公元前 684 年鲁庄公与曹刿一起乘车指挥长勺之战。鲁军刚与齐军相遇,庄公就要击鼓进攻。曹刿说:"不行。"等齐军擂了三通鼓以后,曹刿才叫庄公下令击鼓。结果齐军大败而归。为什么鲁国能以弱胜强呢? 鲁庄公很不理解。曹刿对曰:"夫战,勇气也。一鼓作气,再而衰,三而竭。彼竭我盈,故克之。"其意思是说,打仗全凭高昂的士气。第一次擂鼓,士气大振;第二次擂鼓,士气衰退;第三次擂鼓后士气全无。敌军全无士气,而我军士气大振,因此获胜。曹刿论战说明了士气的重要作用。

与此同理,职工的斗志与工作积极性对于完成工作任务来说也是至关重要的。因此,管理心理学中借用"士气"一词,作为群体心理的一个重要指标进行研究。

管理心理学认为士气是员工对群体感到认同与满意,愿意为达到群体的共同目标而奋斗的精神状态,是群体中诸成员的集体意识。

心理学家克瑞奇等人(D. Krech & C. S. Crutchfield)于 1962 年在《群体中的成员》一书中,提出一个士气高昂的群体所应该具有的七种特征:

1. 群体的团结来自内部的凝聚力,而不是来自外部压力。

2. 群体各成员,没有分裂为互相敌对的小团体的倾向。

3. 群体本身具有适应外部变化的能力,具有处理内部冲突的能力。

4. 各成员间具有强烈的认同感与相属感。

5. 每一成员都明确地掌握群体的共同目标。

6. 各成员对群体的目标及领导者,持肯定支持的态度。

7. 各成员承认群体的存在价值,并具有维护此群体继续存在的倾向。

从七个特征来看,团结型群体是属于士气高昂的群体,而不团结型群体就不具备 1、2、4、5、7 项的特征。直接沟通型群体有利于形成 1、4、5、7 项特征,而间接沟通型群体则有利于形成 2、3、6 项的特征。服从型群体有利于形成 1、2、4、5 项的特征,而自主型群体则有利于形成 3、6、7 项特征。

二、士气与工作效率

士气高昂的群体是否就会带来较高的工作效率呢？这是管理心理学中的一个重要问题。从理论上分析，如果一个群体完全符合士气高昂的七个特征，那么，必然带来高度的工作效率。但是，从现实情况来看，大多数的群体都只能具备七项中的一部分特征，即总会有一些不如人意的地方。因此，在现实情况下，我们所说的士气高昂，都还是有一定的缺陷。这些缺陷导致众多的研究所得出的结论是，士气与工作效率之间呈现复杂的关系。也就是说，只有真正属于士气高昂的群体，才能达到高度的工作效率，而大多数貌似士气高昂的群体未必产生出高度的工作效率。

心理学家戴维思（K. Davis）研究了生产效率与职工士气之间的关系，于1962年提出三种情况：一是士气高，但效率低；二是士气高，工作效率也高；三是士气低，工作效率却高。显然，只有第二种情况是属于理想的情况，而第一和第三种情况都不算真正的士气高昂。

"士气高，效率低"的特点：士气不是用在工作上，士气指向之处与群体目标不一致。例如，某个小组中的八位成员构成一个士气高昂群体，但是他们所努力的目标与群体的共同目标不一致，结果，无法达到效率高的要求。寓言"南辕北辙"就是说明了这种情况。马夫是高手，马是千里马，主人也是富有精力，可谓士气高昂，可惜在确定"往南"的目标后，却是"朝北而行"，因此，工作效率只能是负值。可见，这种情况的缺陷就在于没有与群体的共同目标保持一致，因而在很好的群体士气中得不到应该有的工作效率。

"士气高，工作效率也高"的特点：士气与工作结合，与群体目标一致。因而使高昂的士气及时转化为高度的工作效率。如1936年1月2日，红军突破乌江天险，就是典型一例。当时，乌江对岸有强敌坚守，而欲渡过这个江水汹涌的天险需要三个条件：大晴天、大木船和好船夫。而红军面临的却是狂风大雨，无船，更无船夫。但是，这个红军先遣团正是一个士气高昂的群体，他们"解绑带造竹筏，乘黑夜斗恶浪"，终于强渡天险，完成了艰巨的战斗任务。在管理工作中也是同样道理，士气就好像是一块好钢，"好钢要用在刀刃上"，才能得到理想的工作效率。

"士气低，工作效率高"的特点：士气不高，而在严格管理下，在短期内取得了较高的工作效率。这种情况下,士气不高主要是由于成员对领导和群体目标缺乏认同感;较高的工作效率则出于强劲的管理力量。这种情况属于短期行为,因而是难以持久的。我们常常说的"拔苗助长"、"欲速则不达",就是指出了这种局面的不良后果。

三、影响士气的因素

影响士气的因素大致有以下几个:

1. 领导者的精神状态与领导方式

俗话说,"上梁不正下梁歪",就是指领导者对士气的影响作用。因此,我们都极力要求领导者以身作则,发挥表率作用。我国坚持以"四化"标准选拔干部,也正是为了使领导者保持最佳的精神状态与领导方式。

2. 工作的条件与环境

工欲善其事必先利其器,这是人所共知的道理。虽然,士气高昂可以弥补工作条件差的缺陷,但如果能具备较好的工作条件与环境,就会达到事半功倍的效果。因此,工作条件与环境对维持士气也是有很大的影响力。

3. 合理的经济报酬

在人生价值观中,有一个双向性满足,即员工要通过自己的劳动,为实现群体的共同目标努力奉献;同时,群体要通过合理的经济报酬和丰富的文化生活满足员工的物质需求和精神需求。这样,才能使员工在实现社会价值的同时实现自己的人生价值。这方面做得越好,士气越高。

4. 成员之间的心理相容

士气体现在群体各成员中时,表现为在精神上相互支持。这个过程也是各成员之间心理互容的过程。如果成员之间为了某些枝节小事或者一言半语不能做到心理互容,达成相互谅解,那么,群体的共同目标就会被抛到一边。因此,强调成员之间的心理相容是形成高昂士气的保证。

5. 员工对工作的满意感

员工对工作的满意感主要是来自于成就感,因此,员工越有成就,对工作也就越有满意感。显然,成就感—满意感—士气三者是紧密联系的,相互之间呈正相关。

6. 鼓励交往和参与管理

鼓励员工交往和参与管理是一种增加相互了解的过程，也是使个体形成群体意识的过程。在这个过程中，员工能够更好地了解群体的共同目标，使自己的目标更紧密地与共同目标联系在一起，达到"众荣我荣，众损我损"的强凝聚力，从而自觉地维护群体的荣誉，促进群体的发展。

7. 员工的身心健康

这是员工能否正常发挥积极性的重要因素。例如日本松下集团，专门设立为员工提供心理咨询的俱乐部，并提供一些橡皮制作的生活用品和监工人像。这些橡皮制品不是用来观赏，而是让员工感到怒火中烧或情绪低落时，拿来"发泄"之用。这是心理调节方法之一。员工通过心理调节，尽快恢复正常心理状态，从而又把自己的精力用到工作上面。随着社会的高度发展，员工之间的竞争越来越强烈，自身的知识水平、技术水平都受到空前的挑战。这种挑战一旦超过员工心理承受程度，那么，员工的士气就会受到沉重打击，因此，现代管理者要越来越重视员工的身心健康。

总之，影响群体士气的因素是较多的，也正因为是这样，管理目标的实现也就显得更加复杂，管理工作也成为一门富有艺术性的工作。

第四节　如何增强群体凝聚力

一、群体凝聚力的含义

群体凝聚力，也称为内聚力，是指群体内成员之间彼此吸引，以及成员与群体目标一致程度。从群体的角度来看，群体凝聚力体现为群体对成员的吸引力；从成员的角度来看，群体的凝聚力体现为成员对群体的向心力。因此，群体的凝聚力是由群体吸引力与成员向心力合成的。如成员对群体的忠诚、对工作的责任感、对外攻击进行防御和反抗、与其他成员志趣相投并有友谊关系等等都是凝聚力的体现。

二、凝聚力与士气的主要区别和联系

凝聚力与士气之间具有什么关系呢？其实，群体精神是由士气与凝聚力共同组成的，即凝聚力与士气是群体精神的两个方面。

（1）从指向来看，两者的区别在于：士气主要指向群体目标的实现，而凝聚力主要指向群体本身的存在。即群体目标能否实现依赖于士气，而群体本身能否持续存在，则依赖于群体凝聚力。

两者的联系在于：如果没有群体的存在，也就没有所谓的群体目标；因此，没有凝聚力就没有士气。另外，如果没有群体目标，群体的存在也没有实际意义，因此，没有士气的群体也就没有凝聚力。

（2）从性质来看，两者的区别在于：士气主要指群体的勇气，凝聚力主要指成员对群体的忠诚；而两者的联系在于：士气与凝聚力可以同时体现在一个人身上。

三、凝聚力与工作效率之间的关系

凝聚力本身与工作效率之间不具有确定的关系，必须将凝聚力与士气一起加以考虑，才能作出判断。

在态度积极、群体目标一致的情况下，无论凝聚力高低都可以得到较高的生产效率。此时，由于士气高昂特征明显，势必群体具有完成任务的能力，在凝聚力高时，群体自然体现出"同心同德"的大喜局面，生产效率自然是高。即使在凝聚力低的情况下，也只不过是引起群体中意见较多、比较松散而已，只要管理严格，生产效率也不会出现太大的滑坡。

而在态度消极、群体目标比较明确的情况下，凝聚力低，生产效率还得保持一般水平。此时，由于态度消极的成员缺乏凝聚力，而难以形成一致的抵触情绪，所而管理者还具有一定的威信，能发挥出一定的管理效果。

当态度消极的情况下，再加以群体目标不明确，那么，凝聚力越高，其生产效率越低。此时，大批成员表现出坚定一致的与群体目标相违背的抵触情绪，因而导致极低的生产效率，甚至出现破坏生产的行为。如某地召集几个村合造水库，由于群众对这个目标认识不清，造成大批群众对此工程有抵触情绪，工程进展极慢，还出现破坏水库设施的现象。

因此,对于高凝聚力的群体,如果予以正面引导,就会提高生产效率;如果出现不良引导,则会明显降低生产效率;而一个低凝聚力的群体,则较难被引导。

四、群体凝聚力的要素及其影响因素

1. 群体凝聚力的要素

群体凝聚力是由群体自身的吸引力和成员的向心力构成的。

群体对成员的吸引力具有三个要素:提供生活条件、满足成就需要、满足发展需要。具备这些要素的群体才能对成员产生吸引力。

成员对群体的向心力具有三个要素:责任感、义务感和自豪感。具备这些要素的成员就是群体的骨干。

2. 影响凝聚力的因素

影响凝聚力诸要素形成的因素,有以下几点:

(1)群体的福利条件。这是直接关系到群体能否为成员提供生活条件的影响因素。

(2)群体的荣誉与地位。这个因素能直接影响到成员的自豪感。

(3)加入群体的难易程度。它能影响到成员的自豪感、成就感。如果加入群体的程度较难,那么其成员的自豪感和成就感较大;反之,则较低。

(4)群体有否公平的奖励。奖励是群体的常用激励措施,但是能做到公平奖励的群体,则需要有一定的组织水平。奖励公平,其效果是将增加成员的成就感、自豪感和责任感。反之,则只会造成投机取巧,做表面文章。

(5)领导对群体有无确定的要求。有确定的要求,就会使成员形成相应的责任感和义务感;而如果领导对成员放任自流,就会导致成员纪律涣散,自由散漫。

(6)领导作风是否既民主又有魄力。坚持民主集中制会使成员产生义务感,满足成员的发展需要。不坚持民主集中制,就会导致"一言堂",不利于成员发挥主人翁的作用。

(7)群体受外界干扰多少。当群体受外界干扰较少时,群体向心力较强;反之,当成员受到外来干扰较多时,会产生较大的意见分歧,而使管理目标难以统一。但是当群体受外界因素的严重威胁时,群体会出现较强

的向心力。在一群批改试卷的教师中,几个在一个小教室批改的教师,尽管有时也要谈几句话,但是,比起大教室集中批改的大群教师,他们的工作效率明显高许多。但是,把他们也集中到大教室批改时,他们的工作效率也降到群体水平。

(8)群体活动多,有利于凝聚力的形成;反之,仅仅工作关系就难以形成强凝聚力。

(9)群体目标与个体目标越是紧密联系在一起,就越容易形成"同舟共济"的强凝聚力;反之,离心力较大。

总之,凝聚力是群体精神的一个重要组成部分,一旦凝聚力丧失,也就难以称得上真正的群体;但是,凝聚力必须加上士气,才能有效地提高工作效率。